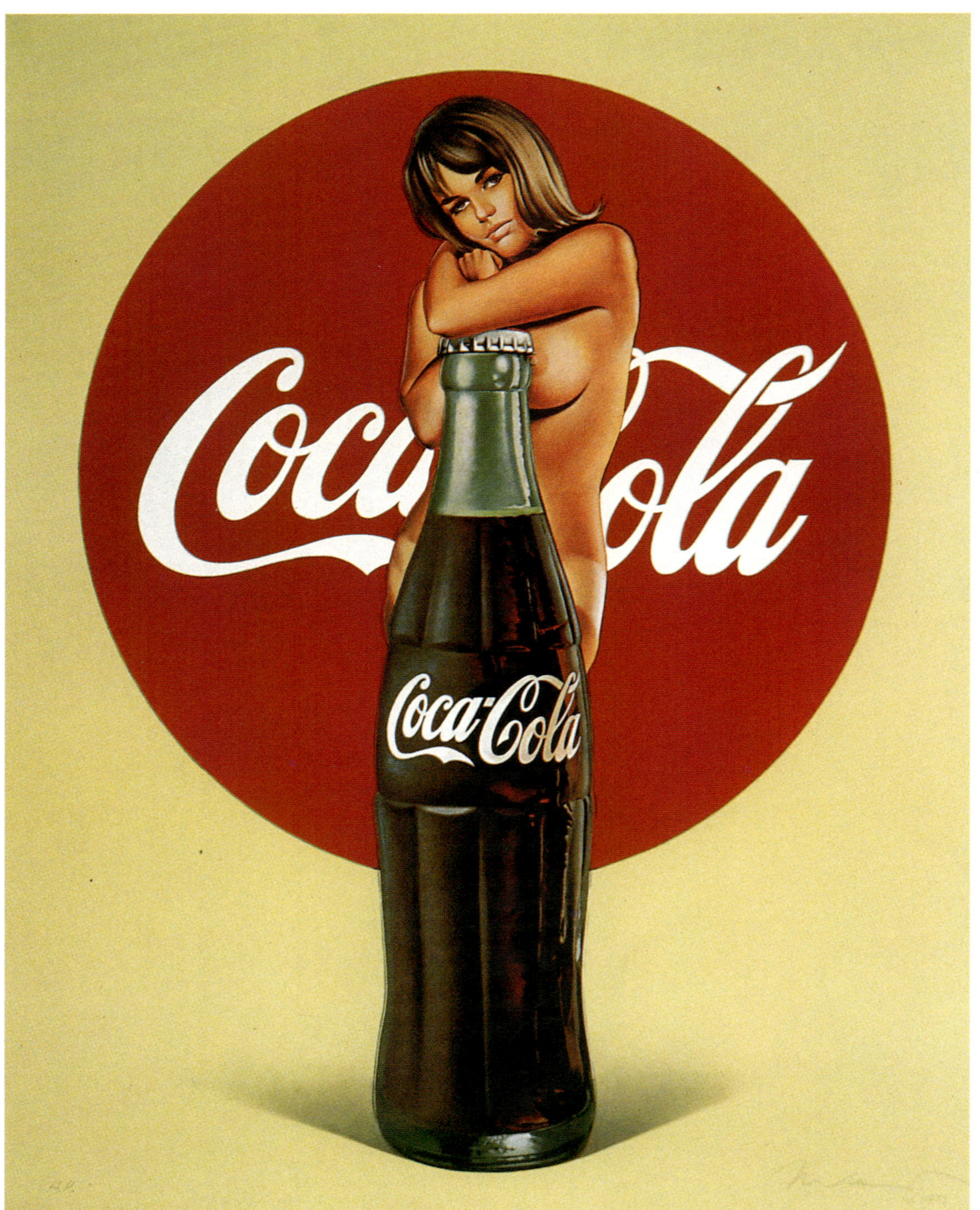
Coca-Cola
Coca-Cola

Mel Ramos
Pop Art Images

Robert Rosenblum

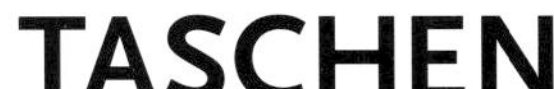

KÖLN LISBOA LONDON NEW YORK PARIS TOKYO

Mel Ramos
How Venus came to California

Like Mel Ramos, I've been part of the art world since the late 50s, only he's been a performer and I a spectator who tries to keep registering what's going on around me. For more than thirty years, I have watched his art evolve; and now, looking back, I'm amazed to realize how, decade after decade, my responses to it keep changing.

First, of course, came the 60s. In tandem with the outrageous young rebels who, beginning full blast in 1962, contaminated the high-minded atmosphere of the New York art world with soup cans, comic strips, movie stars, and billboard ads, Ramos slowly came into focus for me as an artist who was also out to shake up established pieties. Attracted to the rebellious spirit of Pop Art and an instant fan of Lichtenstein and Warhol, I had eyes at first only for what I could see at home in New York; but I still remember how, having been shocked and rejuvenated by years of non-stop events that aroused love and hate at the local New York galleries, I stumbled into the Bianchini Gallery one day in 1964 and saw for the first time a bunch of paintings by an artist whose name was then unknown to me, Mel Ramos. I was instantly delighted by this surge of what looked like yet another new kind of insolent vulgarity that might thoroughly dispose of the lofty moral pretensions and ivory-tower elitism of so much New York painting of the 50s. Here, it seemed, Ramos was proposing something even more offensive, if possible, than Popeye and Coca-Cola. As I recall, what I saw was a new race of sunkissed pin-up girls, their breasts afloat in seas of grapefruit (p. 5), their torsos welded to an erect banana, their windswept hair streaming against the male wolf-call of the decade, "hubba hubba".

To be sure, the message of the paintings was familiar enough to New York eyes, namely that instead of wearing blinders to the crass realities of the world outside the museum door, we might be better off trying to adapt to these stubborn facts and turn the visual trash into a new kind of beauty. But there was also the unsettling truth that, having got accustomed to the new visual language of New York Pop, with its translation of the

Mel Ramos
Wie Venus nach Kalifornien kam

Ebenso wie Mel Ramos bin auch ich seit den späten fünfziger Jahren in der Kunstszene, nur daß er aktiver Künstler ist, und ich bin Zuschauer und versuche zu beobachten, was um mich herum geschieht. Seit über dreißig Jahren verfolge ich seine künstlerische Entwicklung, und wenn ich zurückblicke, kann ich nur staunen, wie sich meine Reaktionen auf seine Kunst von Jahrzehnt zu Jahrzehnt immer wieder gewandelt haben.

Angefangen hat es natürlich in den sechziger Jahren. Zusammen mit jenen ungestümen jungen Rebellen, die seit 1962 mit ihren Suppendosen, Comic strips, Filmstars und Reklametafeln in der arroganten New Yorker Kunstwelt einigen Staub aufwirbelten, nahm allmählich auch Ramos für mich als ein Künstler Gestalt an, der sich vorgenommen hatte, an etablierten Wertvorstellungen zu rütteln. Der aufrührerische Geist der Pop Art hatte mich gepackt, ich war auf Anhieb von Lichtenstein und Warhol begeistert gewesen. Anfangs nahm ich allerdings nur das wahr, was ich in New York zu sehen bekam. Aber ich erinnere mich noch genau, wie ich 1964, nach einer Reihe von schockierenden und erquickenden Jahren, in denen in den Galerien der Stadt unter begeisterter Zustimmung und vehementem Protest ein Kunstereignis das andere jagte, zufällig in die Galerie Bianchini kam und eine Reihe von Bildern eines Malers sah, dessen Name mir dort zum ersten Mal begegnete: Mel Ramos. Ich war Feuer und Flamme, hatte ich doch hier einen weiteren Vertreter jener respektlosen Vulgarität gefunden, die mit den hochtrabenden moralischen Ansprüchen und der elitären Elfenbeinturm-Mentalität, wovon ein so großer Teil der New Yorker Malerei der fünfziger Jahre geprägt war, gründlich aufräumen sollte. Hier präsentierte Mel Ramos uns etwas noch Anstößigeres als Popeye und Coca-Cola. Damals lernte ich einen völlig neuen Typus sonnenverwöhnter Pin-up-Girls kennen, mit Brüsten, die in einem Meer von Grapefruits (S. 5) schwammen, Mädchen, deren Körper mit einer hochaufgerichteten Banane verschmolzen und deren windzerzaustes Haar der anzügliche Schlachtruf der amerikanischen Männerwelt jener Dekade umspielte: »Hubba, hubba.«

Mel Ramos
Comment Vénus arriva en Californie

Tout comme Mel Ramos, j'appartiens moi aussi au monde de l'art depuis la fin des années cinquante. La seule différence, c'est que lui est actif tandis que moi je suis un spectateur qui essaie de noter tout ce qui se passe autour de moi. J'ai suivi son évolution artistique pendant plus de trente ans et quand je regarde en arrière, je m'aperçois avec étonnement que j'ai toujours réagi différemment à son égard d'une décennie à l'autre.

C'est naturellement pendant les années soixante que tout a commencé. Tels ces jeunes rebelles extravagants qui depuis 1962 polluaient l'atmosphère des hautes sphères artistiques new-yorkaises avec leurs boîtes de soupe, leurs bandes dessinées, leurs vedettes de cinéma et leurs panneaux publicitaires, Ramos m'apparut de plus en plus comme un artiste dont l'intention était de bouleverser les valeurs établies. Emballé par l'esprit de rébellion du pop art et inconditionnel de Lichtenstein et de Warhol, je n'avais d'yeux au début que pour ce qui se passait chez moi, à New York. Pendant des années, je fus tour à tour choqué et enthousiasmé par ces événements qui se succédaient à un rythme ultra-rapide dans les galeries new-yorkaises et qui déclenchaient les réactions les plus extrêmes. Il n'empêche que je me souviens encore très exactement de ce jour de 1964: entré par hasard dans la galerie Bianchini, je vis pour la première fois une série de toiles d'un peintre dont le nom m'était inconnu à l'époque, Mel Ramos. Je fus directement tout feu tout flamme. N'avais-je pas découvert un nouveau genre de vulgarité insolente capable de balayer ce moralisme prétentieux et cet élitisme de tour d'ivoire dont était imbibée une grande partie de la peinture new-yorkaise des années cinquante? Apparemment, Ramos proposait quelque chose d'encore plus choquant que les Popeye et le coca-cola. Je découvrais ainsi une nouvelle race de pin up bronzées, la poitrine flottant sur une mer de pamplemousses (p. 5), le torse cambré comme une banane et les cheveux au vent en réponse aux appels poussés par les mâles des années «hubba hubba».

Certes, les New-Yorkais connaissaient déjà le message de ces peintures qui disait en substance: au lieu de

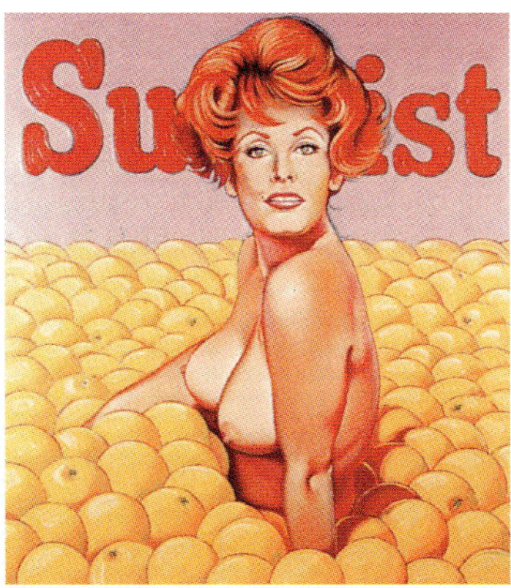

Miss Grapefruit Festival, 1964

Oil on canvas
101.6 x 87 cm

Öl auf Leinwand
101,6 x 87 cm

Huile sur toile
101,6 x 87 cm

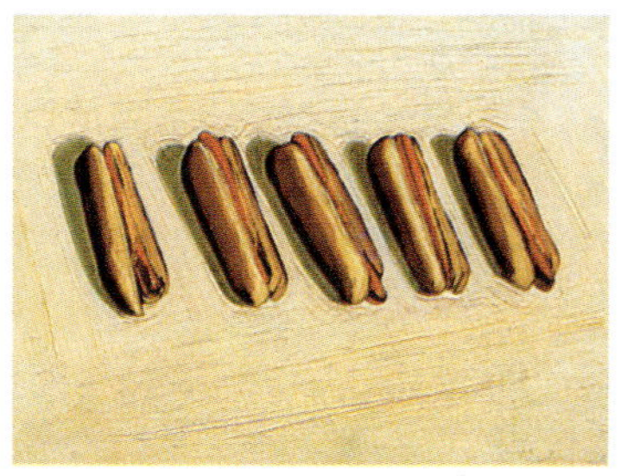

Wayne Thiebaud:
Five Hot Dogs, 1961

Oil on canvas
45.7 x 60.9 cm
Collection John Bransten

Öl auf Leinwand
45,7 x 60,9 cm
Sammlung John Bransten

Huile sur toile
45,7 x 60,9 cm
Collection John Bransten

most tawdry commercial styles into something that began to look astonishingly like real art, I couldn't help feeling that Ramos' paintings were from another planet, one so different that it didn't quite compute in New York.

That planet, of course, was California, which for most New Yorkers is far more extraterrestrial than Europe; and this strange place of origin, in the context of New York Pop, lent Ramos' paintings a remote, sensual flavor, like Paul Gauguin's Tahiti. With their bounties of oranges, lemons, grapefruit and bananas accompanied by such sun-drenched names as Chiquita and Sunkist, these canvases transported me to a tropical Arcadia where, nevertheless, American commerce and sex could flourish, undisturbed by the weather, grit, and contradictions of New York life. The colors themselves were outrageously gorgeous, their synthetic lavenders, chartreuses and bubble-gum pinks a sensuous rebuttal to the lean and mean palette of Roy Lichtenstein and Andy Warhol, who in the early 60s sometimes looked as though they could afford only the coarsest printer's ink primaries, i.e. blacks and whites.

What's more, Ramos' paint surfaces were anathema to the low-budget commercial look of the best New York Pop, offering instead a glistening coat of buttery frosting that seemed to cover the girls with suntan oil and the fruit with a wax preservative. This mix of the seductive and the repellent was similar to certain aspects of New York Pop – to James Rosenquist and Tom Wesselmann, for example – but it was still obvious that Ramos' roots were in the land of the Californian lotus eaters and that in New York, his pictures looked like exotic intruders.

The more I saw of his work in the 60s, however, the more clearly a picture of him began to emerge for me in both a regional and international context. I became aware, for example, of other Californian artists, especially from the Bay Region, who made Ramos look a bit less lonely as an occasional reminder of West Coast art. Above all, there was Wayne Thiebaud (p. 6), whose regimented line-ups of row after row of American junk food were rendered, like Ramos' girls, fruit, and comics, with a jarring combination of the overtly attractive and the covertly ugly, moist surfaces of creamy artifice, offering the visual equivalent of a birthday cake that looked good but tasted awful. I was not surprised to learn,

Gewiß, die Botschaft der Bilder war für New Yorker Augen nichts Neues – nämlich daß wir vielleicht gut daran täten, vor der groben Wirklichkeit draußen vor der Museumstür nicht mehr die Augen zu verschließen, uns den unausweichlichen Tatsachen zu stellen und dem visuellen Müll, der uns umgab, eine neue Art von Schönheit abzugewinnen. Ich war zwar an die Bildersprache der New Yorker Pop-Künstler gewöhnt, die es verstanden, die größten Geschmacklosigkeiten der Werbung so zu verwandeln, daß sie erstaunlicherweise wie echte Kunst aussahen – und doch mußte auch ich bei der Betrachtung von Ramos' Bildern verwirrt konstatieren, daß sie von einem anderen Stern stammten, einem Stern, der so anders war, daß er sich mit New Yorker Maßstäben kaum erfassen ließ.

Dieser fremde Stern war natürlich Kalifornien – für die meisten New Yorker viel entlegener als Europa; und dieser im Vergleich zum New Yorker Pop geradezu exotische Ursprung verlieh Ramos' Bildern einen Hauch von Ferne und Sinnlichkeit, wie Paul Gauguins Tahiti. Mit ihrem Überfluß an Apfelsinen, Zitronen, Gapefruit und Bananen, mit ihren nach Sonne klingenden Namen wie Chiquita und Sunkist versetzten mich diese Gemälde in ein tropisches Arkadien: Zwar gaben auch hier Sex und Kommerz den Ton an, aber unbehelligt vom Wetter, dem Schmutz und den ganzen Widersprüchlichkeiten des New Yorker Lebens. Die Farben waren unverschämt prächtig, die synthetischen Lavendel- und Chartreuse-töne, das Kaugummirosa eine sinnenfrohe Absage an die karge und magere Palette von Roy Lichtenstein und Andy Warhol. Bei ihnen hatte man zeitweise den Eindruck, sie könnten sich bestenfalls die allereinfachste Grundausstattung an Druckfarben leisten, nämlich Schwarz und Weiß.

Die Oberflächen von Ramos' Farben waren überdies das genaue Gegenteil jener nach billiger Reklame aussehenden Arbeiten der besten New Yorker Pop-Künstler. Die Bilder wirkten wie mit einer fettglänzenden Zuckerglasur überzogen, als wären die Mädchen mit Sonnenöl eingerieben und die Früchte von einer schützenden Wachsschicht umhüllt. Diese Mischung von verführerischen und abstoßenden Elementen kannte man zwar von bestimmten Aspekten der New Yorker Pop Art – von James Rosenquist und Tom Wesselmann zum Beispiel –, doch trotzdem war unübersehbar, daß Ramos' Wurzeln im Land der kalifornischen Lotosesser lagen.

fermer les yeux sur les trivialités de la vie de l'autre côté de la porte du musée, nous devrions nous rendre à l'évidence et transformer toute la fange visuelle en un nouveau genre d'esthétique. Pourtant, les peintures de Ramos exerçaient sur moi une impression troublante. Habitué au nouveau langage visuel des artistes pop de New York, qui savaient convertir le mauvais goût publicitaire en quelque chose ressemblant à de l'art, je ne pouvais m'empêcher de penser qu'elles venaient d'une autre planète – une planète si différente que l'on pouvait à peine l'appréhender à New York.

Cette planète, c'était bien sûr la Californie qui, pour beaucoup de New-Yorkais, est encore plus éloignée que l'Europe. Dans le contexte du pop new-yorkais, l'origine particulière des toiles de Ramos leur prêtait un côté exotique et sensuel, comme Tahiti avec Gauguin. Avec leur profusion d'oranges, de citrons, de pamplemousses et de bananes, avec leurs noms gorgés de soleil comme Chiquita et Sunkist, ces tableaux me transportaient dans une Arcadie tropicale où le commerce et le sexe pouvaient fleurir sans être perturbés par la grisaille, la crasse et toutes les contradictions de la vie new-yorkaise. Leurs couleurs resplendissaient sans complexes, les tons synthétiques de lavande, de Chartreuse et de rose chewing-gum réfutaient dans toute leur sensualité la palette maigre et pauvre de Lichtenstein et de Warhol qui au début des années soixante semblaient ne pouvoir se payer que les couleurs de base des imprimeurs, le blanc et le noir.

Les couleurs de Ramos avaient en outre une texture qui condamnait les ouvrages des meilleurs artistes pop de New York à ressembler à de vulgaires réclames. La surface des toiles semblait enduite d'un glaçage au beurre d'où cette impression que les filles étaient recouvertes d'huile solaire et les fruits d'une cire protectrice. S'il est vrai que ce mélange de séduction et de répulsion apparaissait déjà dans certains aspects du pop art new-yorkais – avec James Rosenquist et Tom Wesselmann, par exemple –, les racines de Ramos en Californie, au pays des Lotophages, n'en étaient pas moins évidentes. A New York, ses tableaux faisaient figure d'intrus.

Durant les années soixante, j'eus l'occasion de voir un peu plus de son œuvre. Je commençai à mieux l'appréhender et ce, aussi bien dans le contexte régional qu'international. Je m'intéressai ainsi à d'autres artistes californiens, surtout des environs de San Francisco, qui

then, that in the 50s and 60s Ramos had been close to Thiebaud, some fifteen years his senior, and that he had not only taken an art history course with him but had traveled several times to New York with him to look at art and to find a gallery to show in. Moreover, Ramos' connections with other artists in the San Francisco region became more clearly discernible, recalling, especially in his dense, brushmarked surfaces and sun-soaked color, aspects of David Park, Richard Diebenkorn, and Nathan Oliveira, all artists who had successfully made the transition to "real" art from commercial art, in which he, like Rosenquist and Warhol, was initially trained. This, at least, provided me with more of a context for Ramos, locating him squarely in California territory.

But even then, in the 60s, when my eyes seldom looked seriously at art made outside Manhattan, I gradually became aware of Ramos' place in a much wider constellation, both national and international. If only in terms of iconographic chronologies in the story of American Pop Art, it was a surprise to realize how, even back in 1961, Ramos, quite independently of Warhol and Lichtenstein, was also wrenching the likes of Batman and Superman, not to mention such female counterparts as Phantom Lady and Wonder Woman, from their comic strip life and plopping them, like icons, into flat fields of colored canvas. From a transatlantic vantage point, it was intriguing to recognize that although Ramos' choice of the most popular erotic fantasies about women, whether as cartoon superheroine dominatrix or smiling, supine pin-up girl, had few if any counterparts in New York Pop, it looked much more at home in the company of some British and French artists of his generation. In England, both Allen Jones (p. 9) and Peter Phillips ventured into what, at the time, was daring erotic territory for ambitious artists, working with modern idols of female sexuality, nude or enhanced with fetishistic undergarments; and in Nice, Martial Raysse offered the Riviera equivalent of Ramos' California beach world with a pageant of bathing beauties whose chic swimming attire and designer sunglasses immediately proclaimed their French origin, just as Ramos' nudes, with their bikini marks on bronzed skin and the swelling carnality of their breasts and buttocks, made it evident that they would expire in a world more arduous than their Pacific Garden of Eden. It was clear that Ramos, even

In New York wirkten seine Bilder wie Eindringlinge aus einer fernen Welt.

Im Laufe der sechziger Jahre sah ich mehr von seinen Arbeiten, und er gewann für mich allmählich klarere Konturen, sowohl im regionalen wie im internationalen Zusammenhang. Ich lernte zum Beispiel andere kalifornische Künstler kennen, besonders aus der Gegend von San Francisco, so daß Ramos nicht mehr ganz so isoliert als einsamer Vertreter der Westküste dastand. Allen voran Wayne Thiebaud (S. 6), dessen Bilder von aufgereihtem amerikanischem Junk Food sich genau wie Ramos' Mädchen, Obst und Comics durch eine schrille Mischung aus oberflächlich Attraktivem und unterschwellig Häßlichem auszeichnen. Sie erreichen durch eine scheinbar feuchte Oberfläche von cremiger Perfektion eine visuelle Entsprechung zu einem Geburtstagskuchen, der zwar gut aussieht, aber abscheulich schmeckt. So überraschte es mich auch nicht, daß Ramos in den fünfziger und sechziger Jahren viel mit dem an die fünfzehn Jahre älteren Thiebaud zusammengewesen war. Er hatte nicht nur einen Kursus in Kunstgeschichte bei ihm absolviert, sondern ihn auch mehrfach nach New York begleitet, wo sie sich Ausstellungen ansahen und eine Galerie für ihre Arbeiten suchten. Außerdem wurden Ramos' Verbindungen zu anderen Malern aus San Francisco deutlicher. Vor allem in seinen dichten Oberflächen mit den deutlichen Pinselstrichen und seinen sonnendurchfluteten Farben erinnerte er an David Park, Richard Diebenkorn und Nathan Oliveira. Sie waren allesamt Künstler, die den Sprung von der Werbegrafik, worin auch Ramos genau wie Rosenquist und Warhol ursprünglich ausgebildet war, zur »echten« Kunst geschafft hatten. So fügte sich Ramos für mich zumindest in einen gewissen Zusammenhang, er erhielt seinen Platz auf dem Terrain Kaliforniens.

Andererseits begann ich schon damals in den sechziger Jahren, als ich mich nur selten ernsthaft mit Kunst beschäftigte, die nicht in Manhattan entstanden war, nach und nach zu begreifen, welche Stellung Ramos in einem größeren nationalen und internationalen Kontext einnahm. Wenn es auch nicht mehr war als eine ikonographische Entwicklungslinie in der Geschichte der amerikanischen Pop Art, so war ich doch überrascht zu sehen, wie Ramos bereits 1961, völlig unabhängig von Warhol und Lichtenstein, Gestalten wie

tiraient Ramos de son isolement et ne me le représen-
taient plus comme le seul représentant de la côte Ouest.
En tête de file, il y avait Wayne Thiebaud (p. 6) dont les
alignements de «mauvaise bouffe» américaine présen-
taient, comme les filles, les fruits et les bandes dessinées de Ramos, un mélange d'éléments séduisants et
repoussants. Avec leurs surfaces crémeuses, ces toiles
évoquaient un gâteau d'anniversaire qui a l'air appétis-
sant mais dont le goût est détestable. Je ne fus donc pas
surpris d'apprendre que dans les années cinquante et
soixante, Ramos s'était lié d'amitié avec Thiebaud de
quinze ans son aîné. Il avait non seulement suivi son
cours sur l'histoire de l'art mais l'avait également
accompagné plusieurs fois à New York pour visiter des
expositions et chercher une galerie pour leurs travaux.
Par ailleurs, les liens de Ramos avec d'autres artistes de
San Francisco devenaient plus clairs. Les surfaces très
compactes aux coups de pinceau apparents et les couleurs imprégnées de soleil rappelaient surtout David
Park, Richard Diebenkorn et Nathan Oliveira. Ces
artistes offrirent à Ramos une alternative plus ambitieu-
se à la carrière de graphiste pour laquelle il avait été
formé à l'origine, tout comme Rosenquist et Warhol.
Ceci m'aida au moins à insérer Ramos dans un contexte
spécifique, il se fit une place dans le territoire californien.

Dès les années soixante, alors que je m'intéressais
rarement à ce qui se faisait hors de Manhattan, je pris
conscience de la place qu'occupait Ramos tant sur le
plan national qu'international. Même si cela ne repré-
sentait qu'une évolution iconographique dans l'histoire
du pop art américain, j'étais quand même surpris de voir
comment Ramos avait, dès 1961 et indépendamment de
Warhol et de Lichstenstein, tiré de leurs bandes dessinées des personnages comme «Batman» et «Superman»,
pour ne pas parler de leurs homologues féminins en
«Phantom Lady» ou «Wonder Woman», et les avait pla-
cés tels des icônes sur des toiles colorées.

En jetant un coup d'œil au-delà de l'Atlantique, on
pouvait constater avec étonnement que si les préférences
de Ramos pour les fantasmes érotiques populaires, sous
la forme d'une super-femme de la BD ou d'une pin up
souriante et docile, ne trouvaient pas d'équivalence dans
le pop art de New York, elles étaient par contre monnaie
courante chez certains Britanniques ou Français de la
même génération. A Londres, Allen Jones (p. 9) et Peter

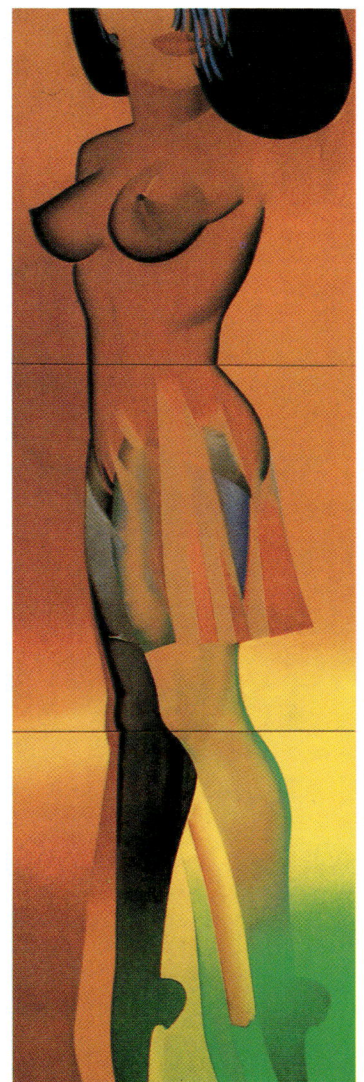

Allen Jones: **Perfect Match**, 1966/67

Oil on canvas, three parts,
280 x 93 cm, Cologne, Museum Ludwig

Öl auf Leinwand, dreiteilig,
280 x 93 cm, Köln, Museum Ludwig

Huile sur toile, trois parties
280 x 93 cm, Cologne, Museum Ludwig

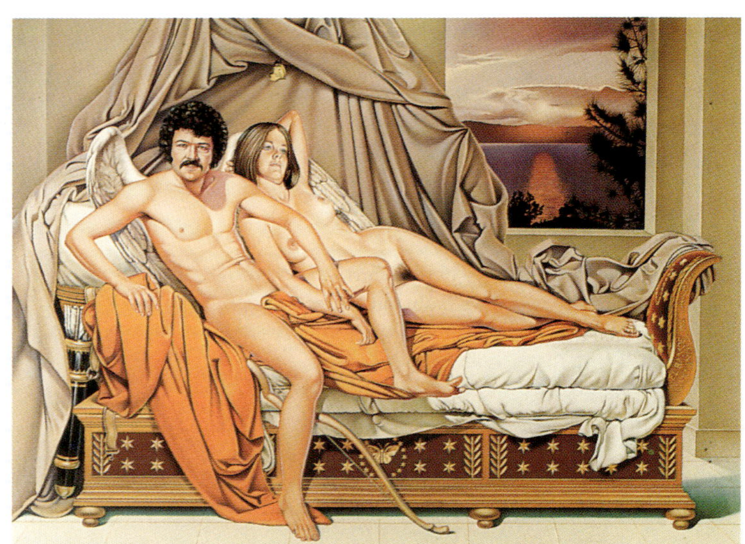

David's Duo, 1973

Oil on canvas
177.8 x 243.9 cm

Öl auf Leinwand
177,8 x 243,9 cm

Huile sur toile
177,8 x 243,9 cm

3 000 miles from New York and 6 000 from Europe, had touched the very pulse of the 60s.

But after pigeonholing Ramos in that Pop decade in which artists seemed to feign a total disdain for high art in theme or style, I was surprised to discover, at the end of the 60s, that he had begun to invent his own perverse version of the loves of the gods, especially the amorous myths of Zeus, who could instantly become a swan or bull in order to take an earth girl by surprise. Now, in California, Zeus was up to all sorts of new tricks. The most traditional of them may be the 1969 series about the erotic adventures of Leta, the name of Ramos' wife (and favorite model) which, by happy coincidence, evokes the name of the legendary Leda. In a bizarre mix of John James Audubon's *Birds of America* and the kind of pin-up girl that once sent men rushing for the next issue of *Esquire*, Ramos couples a perfect California nude not with Leda's swan, but with a learned catalogue of lone birds – auk, eastern king bird, hill myna, white pelican (p. 67) – each rendered with the precision of a textbook on ornithology but obviously living a more provocative life as it approaches on land or in the air the human object of its feathered lust. Even wilder than Europa's bull are the mammals Ramos rounded up as sexy playmates for Leta. In this series of foreplays, her perfect female flesh can rub against a fabulous inventory of animal textures: the cuddly fur of

»Batman« und »Superman«, von ihren weiblichen Gegenstücken wie »Phantom Lady« und »Wonder Woman« ganz zu schweigen, aus ihren Comic strips herauslöste und sie wie Ikonen auf zweidimensionale Felder farbiger Leinwand setzte. Wenn man einmal einen Blick über den Atlantik warf, so konnte man erstaunt feststellen, daß es zu Ramos' Vorliebe für gängige erotische Phantasien über Frauen, von der Cartoon-Superheldin über die Domina bis zum willfährigen Pin-up-Girl, zwar in der New Yorker Pop Art so gut wie keine Entsprechungen gab, daß er sich aber in den Kreis einiger britischer und französischer Künstler seiner Generation weit eher einfügte. In England wagten sich Allen Jones (S. 9) und Peter Phillips kühn in Bereiche vor, die damals für einen anspruchsvollen Künstler gefährliches erotisches Terrain bedeuteten, indem sie moderne Sinnbilder weiblicher Sexualität nackt oder gar in fetischistischer Unterwäsche abbildeten. In Nizza schuf Martial Raysse ein Gegenstück zu Ramos' kalifornischen Strandbildern, eine Parade von Riviera-Badenixen, deren schicke Badeanzüge und teure Sonnenbrillen sogleich ihre französische Herkunft verrieten. Genauso waren Ramos' Akte mit ihren Bikinistreifen auf sonnengebräunter Haut, mit der üppigen Sinnlichkeit ihrer Brüste und Hintern, ohne Zweifel Geschöpfe, die in einer härteren Welt als ihrem pazifischen Garten Eden elend zugrunde gehen würden. Selbst 3 000 Meilen von New York und 6 000 Meilen von Europa entfernt spürte Ramos den Pulsschlag der sechziger Jahre.

Nachdem ich Ramos fein säuberlich jenem Jahrzehnt der Pop Art zugeordnet hatte, in dem die Künstler sowohl thematisch als auch stilistisch eine vollkommene Abkehr von der hohen Kunst zu propagieren schienen, entdeckte ich gegen Ende der sechziger Jahre zu meiner Überraschung, daß er sich einem neuen Thema zugewandt hatte: pervertierten Darstellungen des Liebeslebens der antiken Götter, besonders der erotischen Mythen um Zeus, der sich nach Belieben in einen Schwan oder einen Stier verwandeln konnte, um sich unversehens einer Irdischen zu nähern. In Kalifornien ließ sich Zeus jetzt allerlei Neues einfallen. Am traditionellsten ist vielleicht die 1969 entstandene Bildfolge über die erotischen Abenteuer von Leta, Ramos' Frau (und Lieblingsmodell), deren Name, wie der Zufall es will, an die legendäre Leda denken läßt. In einer bizarren Mischung aus John James Audubons *Vögel Amerikas*

Phillips s'aventuraient dans l'érotisme, terrain considéré à l'époque comme dangereux pour des artistes ambitieux, en présentant des symboles modernes de sexualité féminine dans le costume d'Eve ou revêtus de dessous fétichistes. A Nice, Martial Raysse créait le pendant des tableaux de plage californiens de Ramos en présentant un spectacle fastueux de naïades dont le maillot de bain super-chic et les lunettes de soleil élégantes trahissaient de suite leur origine française; tout comme l'on pouvait voir directement que les nus de Ramos, avec leurs marques de maillot de bain sur le bronzage et leurs formes épanouies, n'auraient pas supporté de vivre dans un autre monde que leur Eden pacifique. A 5 000 kilomètres de New York et à 10 000 kilomètres de l'Europe, Ramos était parfaitement à l'écoute de son temps.

Pourtant, après avoir sagement étiqueté Ramos comme appartenant à cette décennie du pop art, où les artistes semblaient afficher un dédain total pour les thèmes et les styles du «grand art», je remarquai à mon plus grand étonnement qu'il se tournait vers d'autres thèmes à la fin des années soixante, à savoir les représentations perverses de la vie amoureuse des dieux antiques. Sa préférence allait aux mythes érotiques de Zeus qui pouvait se changer à son gré en cygne ou en taureau quand il voulait s'approcher par surprise d'une fille terrestre. En Californie, Zeus n'était pas à court d'idées. La version la plus traditionnelle est peut-être celle qu'il a représentée dans la série de tableaux de 1969 relatant les aventures érotiques de Leta, sa femme (et modèle préféré), dont le nom – le hasard faisant bien les choses – évoque la légendaire Léda. Dans un mélange bizarre des *Oiseaux d'Amérique* de John James Audubon et de ce genre de pin up pour lesquelles les hommes s'arrachaient à l'époque le dernier numéro d'*Esquire*, Ramos fait accoupler un nu parfaitement californien, non pas avec le cygne de Léda, mais avec des oiseaux (p. 67) représentés d'une façon très exacte du point de vue scientifique. Chacun de ses oiseaux – pingouin, gobemouches, mainate, pélican blanc – est rendu avec la précision d'un manuel d'ornithologie, mais mène une vie beaucoup plus excitante quand on voit avec quelle concupiscence il s'approche, sur terre ou dans les airs, de l'objet de ses désirs. Le taureau d'Europe est un bovin bien placide en comparaison avec les mammifères choisis comme compagnons de jeux de Leta. Dans ces joutes amoureuses, son corps parfait peut se frotter contre des

a panda (p. 69), the antlers of a mule deer, the rubbery hide of a hippopotamus who roars with excitement. A crazy new kind of erotic mythology is invented here, in which the prurient residents of a California zoo are liberated in order to mate with a California Venus.

Ramos' flirtation in the late 60s with the kind of classical myth that fired the old masters' imaginations moved into explicit museum territory in the early 70s. It was then that Ramos confronted a wide-ranging anthology of painted classics by the same masters – François Boucher, Jacques Louis David, Jean Auguste Dominique Ingres, Edouard Manet, Pierre Bonnard – I had been piously teaching in my art history lectures. Most startling and, as it turned out, most revealing to me was his outrageous take-off of David's *Cupid and Psyche*, a late painting (1817) now hanging in Cleveland which at the time was a curiously unloved and misunderstood work that presumably demonstrated the sad decline of David's creative energies during his final years of exile in Brussels. But Ramos, I began to realize, had in *David's Duo* (p. 10) grasped the disconcerting point of David's late canvas as an insolent parody of Neoclassic idealism, in which Cupid looks not like an antique statue but like the grinning teenage model David had actually used and in which the post-coital entanglements of wings, limbs and bed linen are presented awkwardly as a spoof on those perfect, graceful couplings familiar from earlier depictions of mythological lovers embracing for eternity. For me, Ramos had unveiled David's subversive intentions by updating the master's image to another, more modern time and place. Cupid, of course, is now identified by Ramos' own mustachioed head, crowing his sexual conquest to the spectator. Psyche is here lost in the vacuous reverie of a teenager in love and even sports the pubic hair banished from the Neoclassic female nudes that proliferated in 19th-century academic art. And what is even more surprising: David's landscape idyll at sunrise seen through an open window has become a picture-postcard view of Lake Tahoe, rushing us breathlessly from classical legend back to California.

Ramos displays his playful spurning of tradition even more clearly in his version of Manet's *Olympia* (p. 70/71), which had always been recognized as a parody of a classical theme in modern guise. If Manet flouted the tradition of Titian's *Urbino Venus* by turning her into a modern Parisian whore with her black servant, Ramos in

und jener Art von Pin-up-Girls, deretwegen Männer sich früher um die neueste Nummer des *Esquire* rissen, paart Ramos einen makellosen kalifornischen Akt zwar nicht mit Ledas Schwan, wohl aber mit wissenschaftlich exakten Abbildern einzelner Vögel – Alk, Fliegenschnäpper, Beo und weißer Pelikan (S. 67). Jeder dieser Vögel ist mit hoher Präzision wie für ein Lehrbuch der Ornithologie gemalt – führt aber offenbar ein weit aufregenderes Leben: Man sieht, wie er sich zu Land oder in der Luft dem menschlichen Objekt seiner gefiederten Lust nähert. Der Stier der Göttin Europa ist ein zahmes Schoßtier im Vergleich zu den Säugetieren, die Ramos als aufreizende Gespielen für Leta in Szene setzt. In dieser Serie von Vorspielen kann sich ihr makelloser Frauenkörper an einem phantastischen Spektrum verschiedenster Tiere reiben, an dem kuscheligen Fell eines Pandas (S. 69), dem Geweih einer Art Hirsch und der gummiartigen Haut eines Nilpferdes, das lustvoll wiehert. Hier entsteht eine verrückte, neue erotische Mythologie, in der die lüsternen Bewohner eines kalifornischen Zoos freigelassen werden, um sich mit einer neuen kalifornischen Venus zu paaren.

Nachdem Ramos in den späten sechziger Jahren bereits mit jener Art von klassischen Mythen geflirtet hatte, die die Phantasie der alten Meister beflügelt hatten, wagte er in den frühen Siebzigern endgültig den Schritt in das Reich des Museums. Damals setzte sich Ramos mit einem breiten Spektrum klassischer Gemälde von der Hand genau der Meister auseinander – François Boucher, Jacques Louis David, Jean Auguste Dominique Ingres, Edouard Manet, Pierre Bonnard –, über die ich voller Ehrfurcht in meinen kunstgeschichtlichen Vorlesungen referiert hatte. Am verblüffendsten und, wie sich herausstellen sollte, am lehrreichsten für mich erwies sich der übermütige Scherz, den er sich mit Davids *Amor und Psyche* erlaubte. Das Original aus dem Jahre 1817, das heute in Cleveland hängt, war damals ein ungeliebtes und mißverstandenes Werk. Es wurde als Beispiel für den traurigen Niedergang, den Davids Kunst in seinen letzten Lebensjahren im Brüsseler Exil erlebte, zitiert. Mit seinem *David's Duo* (S. 10) war Ramos zu der wahren Aussage dieses Davidschen Spätwerks vorgedrungen, indem er es als respektlose Parodie des klassizistischen Idealismus interpretierte. Amor sieht nicht wie eine antike Statue aus, sondern wie der grinsende Teenager, der David tatsächlich Modell gestanden hat.

animaux les plus divers, comme par exemple la douce
fourrure d'un panda (p. 69), les bois d'un cerf de Mulet,
et la peau caoutchouteuse d'un hippopotame excité qui
rugit. On voit ainsi apparaître une nouvelle mythologie
érotique où les habitants libidineux d'un zoo californien
ont été lâchés pour qu'ils s'accouplent à une Vénus d'un
nouveau genre.

Après avoir flirté avec ce genre de mythes classi-
ques qui avaient enflammé l'imagination des Anciens,
Ramos pénétra à la fin des années soixante dans le
royaume des musées. Ce fut à cette époque qu'il s'inté-
ressa justement aux œuvres de ces maîtres – François
Boucher, Jacques Louis David, Jean Auguste Dominique
Ingres, Edouard Manet, Pierre Bonnard – qui avaient fait
l'objet de mon pieux respect dans mes conférences sur
l'histoire de l'art. Ce qui me laissa particulièrement pan-
tois, mais se révéla finalement très instructif, fut sa cari-
cature outrageante de la toile de Jacques Louis David,
Cupidon et Psyché. Ce tableau de 1817, qui se trouve actuel-
lement à Cleveland, n'était ni aimé ni compris à l'époque. On pensait qu'il illustrait le triste déclin de David
durant ses années d'exil à Bruxelles. Peu à peu je réali-
sais qu'avec son *David's Duo* (p. 10), Ramos avait saisi le
véritable message de cette œuvre tardive en l'interpré-
tant comme une parodie irrespectueuse de l'idéalisme
néo-classique. Cupidon n'a pas les traits d'une statue
antique mais de l'adolescent grimaçant qui avait effecti-
vement servi de modèle à David. Les ailes et les mem-
bres enchevêtrés, les draps en désordre, tournent en
dérision les enlacements élégants et gracieux de ces
amants éternels rencontrés dans la mythologie. A mon
avis, Ramos révélait les intentions subversives de David
en transposant la toile du maître dans une époque et un
environnement plus modernes. Cupidon, qui parade
avec sa nouvelle conquête devant le spectateur, a naturellement le visage moustachu de Ramos. Psyché est per-
due dans ses rêveries niaises d'adolescente amoureuse et
arbore même une touffe de poils pubiens qui était toujours bannie dans la représentation des nombreux nus
du XIXe siècle. A la place du paysage idyllique au point
du jour, que l'on peut voir à travers la fenêtre ouverte,
apparaît maintenant une vue de carte postale du lac
Tahoe qui nous ramène directement en Californie.

Le dédain de l'artiste pour la tradition est encore
plus évident dans sa version de l'*Olympia* de Manet
(p. 70/71), œuvre qui avait toujours été comprise comme

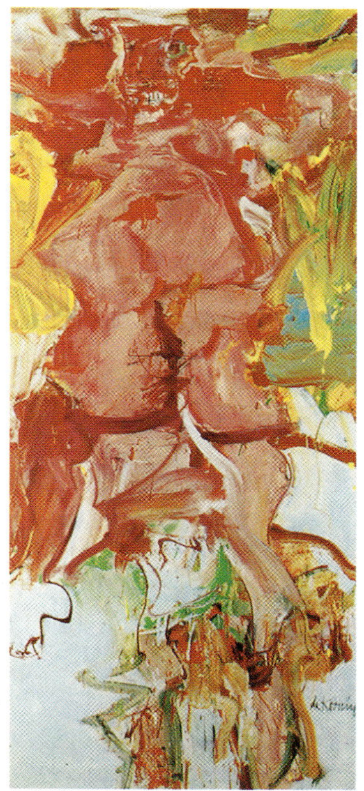

Willem de Kooning:
Woman, Sag Harbor, 1964

Oil on panel, 203.2 x 91.4 cm
Washington, Hirshhorn Museum
and Sculpture Garden, Smithsonian
Institution, Gift of Joseph
H. Hirshhorn, 1966

Öl auf Holz, 203,2 x 91,4 cm
Washington, Hirshhorn Museum
and Sculpture Garden, Smithsonian
Institution, Gift of Joseph
H. Hirshhorn, 1966

Huile sur bois, 203,2 x 91,4 cm
Washington, Hirshhorn Museum
and Sculpture Garden, Smithsonian
Institution, Gift of Joseph
H. Hirshhorn, 1966

turn transported the world of Paris in 1863 to that of California over a century later. Were Venus, we realize, to be carried to the shore on Pacific waves and land on a beach in California, she might well be a sultry blonde surf girl who would remove her bathing suit just before usurping the throne of Manet's modernized queen of sex. Ramos, in fact, has resurrected Manet's own contemporaneity, now varnished by time. Even the synthetic colors shrilly wrench us into the present, from the dyed yellow of the new Olympia's hair and the plastic spectrum of the floral bouquet sent by an admirer to the pastel-blue tonality that permeates her bedroom and even the dress of the streetwise black maid who watches suspiciously over her mistress.

These West Coast mutations of museum masterpieces also expanded into more recent territory, taking on, in 1975–77, de Kooning's *Woman* series of the 1950s, itself an update of art history. In a parallel series of oils and watercolors titled *I Still Get a Thrill When I See Bill* (pp. 74, 75), Ramos extracted the modern American truths that lay behind the surface of the older painter's frothing brushstrokes, abruptly capping these harpies' wildly fractured bodies with the slickly stylized heads of perfect pin-up girls. In this, too, Ramos taught us a lesson about de Kooning, who in 1950 had actually cut out a lipsticked mouth from a 1949 cigarette ad and pasted it on the head of an early version of the sequence of ferocious women who soon followed. In these, his torrential, slashing brushstrokes tended to camouflage the underlying popular sources, which ranged from Marilyn Monroe herself to more generic fantasies of pink, rounded flesh, made dangerously seductive by red smudges of lipstick and rouge. Once again, Ramos recharged the shock of crass realism that, over the years and decades, had become invisible in the art of the old masters, by revealing here the coarse popular imagery that triggered de Kooning's erotic variations on the American female of the 50s.

Such recycling of earlier art not only gave Ramos' work a new twist, but also located him squarely in the 70s, when so many artists began to quote other works of art, usually in ways that recreated the dead past into a topical present. It is telling that Ramos' de Kooning series quickly elicited a response from another West Coast artist, Robert Colescott, who also began to modernize the old masters. In 1978, in fact, Colescott further

Das Gewirr aus Flügeln, Gliedmaßen und Bettzeug nach dem Koitus ist ein Scherz auf jene eleganten, anmutigen Paarungen, bei denen sich die aus der Mythologie bekannten Liebenden auf ewig in den Armen zu halten scheinen. Für meine Begriffe hatte Ramos die subversive Absicht Davids enthüllt, indem er das Werk des Meisters in eine andere, modernere Zeit und Umgebung versetzte. Amor, der sich vor dem Betrachter mit seiner sexuellen Eroberung brüstet, trägt nun natürlich Ramos' schnurrbärtige Züge. Psyche ist hier in die Tagträume eines verliebten Teenagers versunken und hat sogar das Schamhaar aufzuweisen, das bei den neoklassischen Akten, die sich in der akademischen Kunst des neunzehnten Jahrhunderts so großer Verbreitung erfreuten, stets verpönt war. Und was noch verblüffender ist: An die Stelle von Davids idyllischer Landschaft bei Sonnenaufgang, die man durch ein offenstehendes Fenster sieht, ist nun ein Ansichtskartenbild des Lake Tahoe getreten, das uns unvermittelt von der antiken Legende zurück nach Kalifornien bringt.

Noch deutlicher als hier bei David stellte Ramos das scherzhafte Spiel mit der Tradition in seiner Version von Manets *Olympia* heraus (S. 70/71), einem Werk, das man seit jeher als Parodie auf ein klassisches Thema in modernem Gewand begriffen hatte. Manet hatte die Tradition von Tizians *Venus von Urbino* dadurch untergraben, daß er sie in eine Pariser Prostituierte seiner Zeit verwandelte und mit einer schwarzen Dienerin zeigte. Ramos versetzt das Sujet über mehr als ein Jahrhundert hinweg vom Paris des Jahres 1863 in das heutige Kalifornien. Kein Zweifel, würde Venus an einem kalifornischen Strand den Wellen des Pazifiks entsteigen, dann könnte sie durchaus eine solch üppige blonde Surferin sein, die sich nur rasch ihres Badeanzugs entledigt, um dann den Thron von Manets modernisiertem Sexidol für sich zu beanspruchen. Ramos hat das Zeitgemäße an Manets Bild, das inzwischen selbst historisch geworden war, zu neuem Leben erweckt. Schon allein die synthetischen Farben katapultieren uns mitten in die Gegenwart, angefangen mit dem platinblonden Haar der neuen Olympia und den Plastikfarben des Blumenstraußes, den ein Verehrer ihr geschickt hat, bis hin zu den pastellblauen Tönen ihres Schlafzimmers und sogar des Kleides der verschlagen dreinblickenden schwarzen Dienerin, die argwöhnisch über ihre Herrin wacht.

la parodie moderne d'un thème classique. En effet,
Manet s'était moqué de la *Vénus d'Urbin* du Titien en la
transformant en putain parisienne de son époque avec
une servante noire. Ramos, lui, transpose le Paris de
1863 en un monde californien un siècle plus tard. Si
Vénus était arrivée sur une plage californienne, portée
par les vagues du Pacifique, elle aurait pu sans nul doute
ressembler à cette blonde capiteuse sur sa planche de
surf, qui n'a plus qu'à ôter son maillot de bain pour
usurper le trône de la «reine du sexe» de Manet. En fait,
Ramos a ressuscité le caractère contemporain du tableau
de Manet, qui était devenu entre-temps historique. A
elles seules, les couleurs synthétiques nous catapultent
dans le présent: le blond platine de la nouvelle Olympia,
les coloris de plastique du bouquet de fleurs, envoyé par
un admirateur, et pour finir les bleus pastels de sa
chambre à coucher et des vêtements assortis de la servante noire qui surveille sa maîtresse d'un air soupçon-
neux.

Ces variantes californiennes sur des chefs-d'œuvre
de musées s'étendirent même à des ouvrages plus
récents lorsque Ramos s'attaqua en 1975–77 à *Woman*,
une série de toiles réalisée par Willem de Kooning dans
les années cinquante qui était elle-même une mise à jour
d'œuvres historiques. Dans une série d'huiles et d'aquarelles parallèles, portant le titre *I Still Get a Thrill When I
See Bill* (p. 74, 75), Ramos dégage les vérités modernes
qui se cachent derrière les éclaboussures du vieux maître
en plaçant sur ces corps de harpies sauvagement brisés
les têtes stylisées de pin up éblouissantes. Ainsi, Ramos
nous avait de nouveau ouvert les yeux; cette fois sur de
Kooning, qui avait découpé en 1949 une bouche ma-
quillée d'une réclame pour cigarettes et l'avait collée un
an plus tard sur la tête d'une première version de ses
femmes féroces. Chez ces dernières, les multiples coups
de pinceau hâtifs camouflaient les modèles populaires,
allant de Marilyn Monroe elle-même à des représentations plus générales de rondeurs charnelles rendues
encore plus dangereuses et séduisantes par les traces
de rouge à lèvres et à joues. Une fois encore, Ramos res-
suscitait le caractère choquant du réalisme contemporain, devenu invisible au fil du temps chez les vieux
maîtres. Il révélait les images populaires et vulgaires qui
avaient principalement suscité chez de Kooning des
variations érotiques sur la femme américaine des années
cinquante.

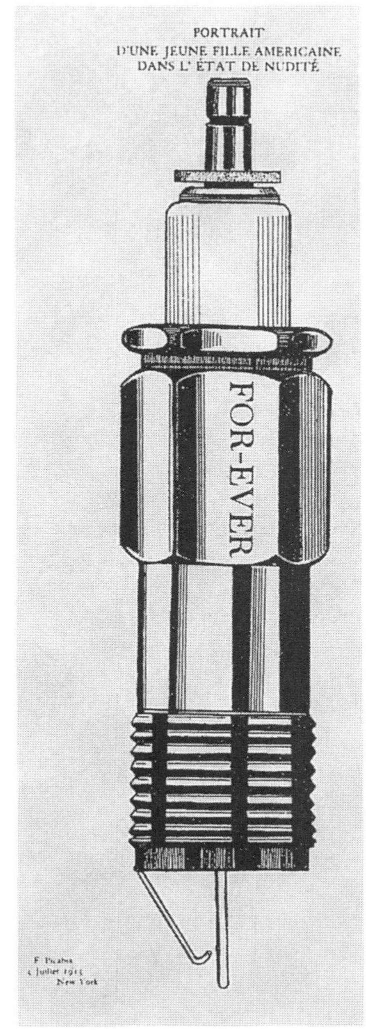

Francis Picabia:
**Portrait d'une jeune fille américaine
dans l'état de nudité**, 1915

Indian ink on paper
Whereabouts unknown

Tusche auf Papier
Standort unbekannt

Encre de Chine sur papier
Localisation inconnue

updated the progeny of de Kooning's women with another spoof, *I Gets a Thrill Too When I Sees DeKoo*, a painting that substitutes a black-faced Aunt Jemima for Ramos' Miss America heads, thereby adding a new and modern racial twist to the story of art about art. By the end of the 1970s, the ubiquity of these paraphrases in recent works had become so apparent that in 1978 the Whitney Museum of American Art staged an exhibition, "Art about Art", dedicated to this growing phenomenon. Although there had already been forays in this direction in the 1950s, such as Larry Rivers' *Washington Crossing the Delaware*, and still more in the 1960s, such as Roy Lichtenstein's comic-strip versions of Picasso's Dora Maar portraits, it was not until the 70s that American artists, from coast to coast, fully explored the possibility of resuscitating what had once seemed a moribund, pre-modern tradition of museum art. In this expanding territory, which belongs to the retrospective modes of what, for want of a better word, we call Post-Modernism, Ramos figures as a most original player, specializing in one of Western art's oldest themes, the ideal female nude, which by the 1950s had become an endangered species, relegated mainly to the world of advertising and calendar art.

So it was that by the 1980s and on into the 90s, the image I had been forming of Ramos' art began to take on still new dimensions, thanks to, among other things, the many fervent discussions we have recently had about the age-old question of the combat between the sexes and the clear answer that the men had always won. It is now almost impossible to see Ramos' work without thinking of feminist issues, which may make us wonder whether he is, in fact, just another despicable male artist who perpetuates demeaning cultural myths about women as mere vessels of desire or whether his blatant display of this tradition, placed in a contemporary American ambiance, is meant to make us all aware, in an amiable, tongue-in-cheek manner, of the ridiculous caricatures of half the human race that Western imagery, both exalted and sleazy, has propagated over the centuries. Ramos casts many lights upon this huge topic. For one, there is the long tradition of the idealized academic nude, most brilliantly explored by Ingres and further popularized by countless imitators, from Cabanel to Bouguereau, a nude whose young, sexually ripe flesh, smoothed to marble or waxen perfection, is devoid of

Diese West-Coast-Variationen über Meisterwerke aus dem Museum stießen schließlich sogar in die noch jüngere Vergangenheit vor, als Ramos sich 1975–77 Willem de Koonings *Woman*-Serie aus den fünfziger Jahren vornahm, die ihrerseits Werke aus der Kunstgeschichte aktualisiert. In einer Folge paralleler Öl- und Aquarellbilder mit dem Titel *I Still Get a Thrill When I See Bill* (S. 74, 75) legte Ramos die modernen amerikanischen Realitäten bloß, die sich hinter den peitschenden Pinselstrichen des älteren Malers verbargen, indem er dessen wild zerklüfteten Körpern unvermittelt die perfekt gestylten Köpfe makelloser Pin-up-Girls aufstülpte. Wieder öffnete Ramos uns die Augen, diesmal in puncto de Kooning, der einen geschminkten Mund aus einer Zigarettenreklame des Jahres 1949 ausgeschnitten und ein Jahr später auf den Kopf einer frühen Fassung der bösartigen Frauen aufgeklebt hatte. Bei diesen Bildern verbarg die wilde Fülle der mit großer Heftigkeit geführten Pinselstriche die populären Vorlagen, von Marilyn Monroe höchstpersönlich bis hin zu allgemeineren Phantasien über rosafarbene Körperrundungen, die durch rote Lippenstift- und Rougespuren gefährlich und verführerisch wirkten. Wieder verlieh Ramos der schockierenden Wirkung eines krassen Realismus, die im Laufe der Jahre und Jahrzehnte bei der Kunst der alten Meister in Vergessenheit geraten war, neue Schlagkraft, indem er hier die derben populären Bilder offenlegte, die der entscheidende Auslöser für de Koonings erotische Variationen über die amerikanische Frau der fünfziger Jahre gewesen waren.

Diese Art der Wiederverwendung älterer Kunst gab Ramos' Werk nicht nur eine neue Stoßrichtung, sondern lag auch ganz im Trend der siebziger Jahre, als viele Künstler anfingen, andere Kunstwerke zu zitieren. Zumeist geschah dies in einer Weise, die die abgestorbene Vergangenheit aktualisierte und für die Gegenwart wiederaufleben ließ. Bezeichnenderweise fand Ramos' de-Kooning-Serie schon bald ein Echo im Werk eines anderen Künstlers von der Westküste, Robert Colescott, der nun ebenfalls daranging, moderne Versionen alter Meister zu malen. 1978 aktualisierte Colescott die Nachfahren von de Koonings Frauen sogar noch weiter in einer neuerlichen Parodie, *I Gets a Thrill Too When I Sees DeKoo*, einem Bild, in dem an die Stelle von Ramos' Miss-Amerika-Köpfen das Gesicht einer schwarzen Tante Jemima tritt, wodurch die Kunst in der Kunst eine

Avec ce recyclage de l'art ancien, le travail de
Ramos avait pris non seulement une nouvelle direction,
mais suivait désormais aussi la tendance des années
soixante-dix durant lesquelles tant d'artistes commencè-
rent à citer d'autres chefs-d'œuvre. En général, il faisaient revivre le passé dans le présent. La «série de Kooning» de Ramos trouva un écho dans l'œuvre d'un autre
artiste de la côte Ouest, Robert Colescott, qui commen-
çait, lui-aussi, à moderniser les anciens. En 1978, Colescott actualisa les descendantes des femmes de de Kooning avec une nouvelle parodie, *I Gets a Thrill Too When I
Sees De Koo*, remplaçant les visages de la Miss Amérique
de Ramos par le visage d'une négresse: l'histoire de l'art
sur l'art prenait ainsi un tournant nouveau et actuel avec
la question raciale. Vers la fin des années soixante-dix,
l'omniprésence de ces paraphrases était si manifeste que
le Whitney Museum of American Art organisa en 1978
une exposition appelée «Art about Art» et consacrée à ce
phénomène croissant. Certes, il y avait eu dans les années cinquante quelques incursions dans ce domaine,
comme par exemple avec *Washington Crossing the Delaware*
de Larry Rivers, et la tendance s'était encore accentuée
dans les années soixante avec des œuvres comme la
bande dessinée de Roy Lichtenstein, une nouvelle version des portraits de Dora Maar par Picasso. Pourtant,
ce n'est que dans les années soixante-dix que les artistes
américains, de la côte Ouest à la côte Est, explorèrent
complètement la possibilité de ressusciter ce qui apparaissait comme un art de musée, moribond et pré-
moderne. Dans ce domaine en expansion qui en raison
de ses tendances rétrospectives participe du post-moder-
nisme, Ramos fait preuve d'une extrême originalité en
se spécialisant dans l'un des thèmes les plus anciens de
l'art occidental. Son grand thème est la femme nue,
idéalisée, qui dans les années cinquante devenait une
espèce en voie de disparition, reléguée surtout sur les
affiches publicitaires et les calendriers.

Au cours des années quatre-vingts et jusque dans
les années quatre-vingt-dix, l'image que je m'étais fait
de l'œuvre de Ramos commença à prendre de nouvelles
dimensions. Ceci était dû, entre autres, aux discussions
passionnées que nous avons eues sur ce sujet vieux
comme le monde de la lutte des sexes dont l'homme est
toujours sorti vainqueur. Il est désormais quasi impossible de considérer le travail de Ramos sans penser aux
questions féministes. On peut se demander si Ramos ne

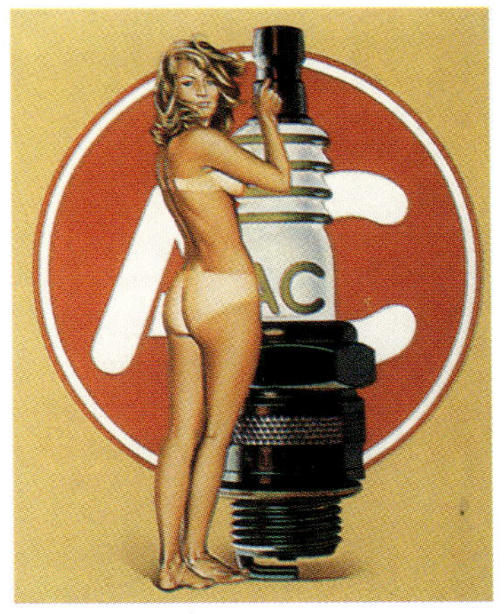

A. C. Annie, 1971

Collotype
80 x 64.1 cm

Lichtdruck
80 x 64,1 cm

Phototypie
80 x 64,1 cm

any blemish, including pubic hair or the presence of a reasoning mind.

This subrational breed of flawless animal bodies and vacuously seductive expressions had worked its way down, in our own century, to pin-up illustrators who, like 19th-century academic painters, had their own pecking order, with Alberto Vargas and George Petty, now the subject of enthusiastic rediscovery, at the top. It is to this long tradition that many of Ramos' nudes are addressed and the challenge of reviving these erotic goddesses with a satirical twist is one that energized his entire career. He cast a new light on this tradition by showing us how familiar was the American mix of sex and advertising, linking, as he often did in the 60s, American brand names – Kellogg's, Firestone, Lucky Strike, Del Monte, Kraft – with an anthology of sexy girls who hawk these wares. In this context, he even offers a gloss on some of the metamorphic sexual fantasies of New York Dada, which tended to equate nubile American girls with products of the Machine Age. Seen in this way, Picabia's 1915 drawing of a For-Ever spark plug, titled *Portrait d'une jeune fille américaine dans l'état de nudité* (p. 15), is actually a precursor of Ramos' *A.C. Annie* of 1971 (p. 17), in which an American girl, also in a state of nudity, fondles the phallic tip of a giant AC spark plug.

By the 1980s, however, these gross pairings move, like feminist studies themselves, to more subtle visions of the power play between men and women. In particular, Ramos' artist and model series (pp. 85, 87) gives a new spin to this venerable theme in Western art, which itself has provided such a rich field for feminist inquiries into the power dialogues between the passive female model, as often nude as not, and the controlling male artist who scrutinizes his captive with a possessive gaze both erotic and aesthetic. With his gift for pinpointing through exaggeration the concealed assumptions of so much female imagery, whether in the art of museums or the pages of girlie magazines, Ramos sets into contemporary motion the give and take between artist, model, and work of art, frequently alluding, as he so often did in the past, to earlier art. The measured staircase descent of a blonde model, towel in hand and ready for a posing session, mixes the mood of a Miss America contest, all eyes on the contestant, with an ironic wink in the direction of Duchamp's notorious symbol of modernism's lunatic fringe (p. 87). In other studio

neue und zeitgemäße Wendung hin zur Rassenfrage nimmt. Am Ende der siebziger Jahre war es derart offensichtlich geworden, daß es in einem Großteil der neueren Kunst von solchen Paraphrasen nur so wimmelte, daß das Whitney Museum of American Art 1978 eine Ausstellung unter dem Motto »Art about Art« (»Kunst über Kunst«) veranstaltete, um diesen Trend zu dokumentieren. Es hatte bereits in den fünfziger Jahren Versuche in dieser Richtung gegeben, wie etwa Larry Rivers' *Washington Crossing the Delaware*, ein Trend, der sich in den Sechzigern mit Werken wie Roy Lichtensteins Comic-strip-Versionen von Picassos Dora-Maar-Porträts noch verstärkte. Erst in den siebziger Jahren schöpften die amerikanischen Künstler von der Ost- bis zur Westküste die Möglichkeit wirklich aus, eine Kunst, die vormals als todgeweihte prämoderne Museumskunst gegolten hatte, mit neuem Leben zu erfüllen. In diesem stetig an Bedeutung gewinnenden Bereich, der wegen seiner retrospektiven Tendenz dem zugerechnet wird, was wir in Ermangelung eines besseren Begriffs Postmoderne nennen, ist Ramos eine höchst originelle Erscheinung – ein Maler, der sich auf eines der ältesten Themen der westlichen Kunst spezialisiert hat. Sein großes Thema ist der idealisierte Frauenakt, ein in den fünfziger Jahren vom Aussterben bedrohtes Sujet, das man fast ausschließlich in der Werbung und auf Kalendern fand.

Im Laufe der achtziger Jahre und bis in die Neunziger hinein nahm das Bild, das ich mir von Ramos' Kunst gemacht hatte, immer neue Dimensionen an, nicht zuletzt dank der vielen leidenschaftlich geführten Diskussionen über das uralte Thema vom Kampf der Geschlechter und der klaren Erkenntnis, daß die Männer daraus stets als Sieger hervorgehen. Mittlerweile ist es praktisch unmöglich, Ramos' Arbeiten zu sehen, ohne dabei in feministischen Kategorien zu denken. Es wird sich vielleicht die Frage stellen, ob am Ende auch er nur einer jener verabscheuungswürdigen männlichen Künstler ist, die entwürdigende Mythen unserer Kultur über die Frau als bloßes Objekt der Begierde fortschreiben. Oder sind seine grellen Darstellungen dieser Tradition in einem modernen amerikanischen Umfeld ein Mittel, uns allen auf eine augenzwinkernde, freundliche Art bewußt zu machen, welch lächerliche Karikaturen von der Hälfte der menschlichen Rasse die westliche Bildtradition, ganz gleich ob anspruchsvoll oder trivial, im Laufe der Jahrhunderte propagiert hat? Ramos erhellt

fait pas lui aussi partie de ces mâles méprisables qui per-
pétuent les mythes avilissants de notre culture, dans les-
quels la femme n'est qu'un simple objet de désir. Mais
on peut également se demander si avec ses représentations crues de la tradition, placées dans un contexte de
l'Amérique moderne, il ne veut pas nous faire prendre
tous conscience, d'une manière plus agréable, de ces
caricatures ridicules de la moitié du genre humain que
l'imagerie occidentale a propagées d'une façon exaltée
ou triviale tout au long des siècles. Ramos fait la lumière
sur cette question importante. Tout d'abord, il y a la
longue tradition du nu académique et idéalisé – tradition
dont le représentant le plus brillant fut Ingres et qui a
été rendue populaire par les multiples imitateurs, de
Cabanel à Bouguereau. La chair jeune et fraîche de ce nu
qui s'éveille à la sexualité est lisse comme le marbre.
Rien ne vient la souiller, ni les poils pubiens ni une étin-
celle d'esprit.

    Cette race débile de corps parfaits, séducteurs mais
dénués de toute expression, est devenue au cours de
notre siècle le domaine des illustrateurs de pin up qui,
avec Alberto Vargas et George Petty en tête, connaissent
aujourd'hui un regain d'intérêt. C'est justement à cette
longue tradition que se réfèrent plusieurs nus de Ramos
et l'une des forces motrices de sa carrière est d'avoir fait
revivre ces déesses d'une manière satirique. Il a jeté une
nouvelle lumière sur cette tradition en nous montrant
combien le mélange américain de sexe et de publicité
nous était en fait familier et en associant, surtout dans
les années soixante, les marques américaines – Kellogg's,
Firestone, Lucky Strike, Del Monte, Kraft – à une antho-
logie de filles séduisantes qui vantent les mérites de ces
produits. Dans ce contexte, il polémique même sur certains fantasmes sexuels métamorphiques du Dada new-
yorkais qui avait tendance à mettre sur un pied d'égalité
des filles nubiles américaines avec des produits de l'ère
de la machine. Vu sous cette optique, le dessin d'une
bougie de la marque For-Ever, intitulé *Portrait d'une jeune
fille américaine dans l'état de nudité* (p. 15) et réalisé par
Francis Picabia en 1915, est le précurseur de *A.C. Annie*
(p. 17), exécuté par Ramos en 1971 et montrant une
jeune Américaine, nue elle aussi et caressant la forme
phallique d'une énorme bougie AC.

    Dans les années quatre-vingts, on voit de plus en
plus apparaître à la place de ces correspondances à
caractère cru des représentations plus subtiles du rap-

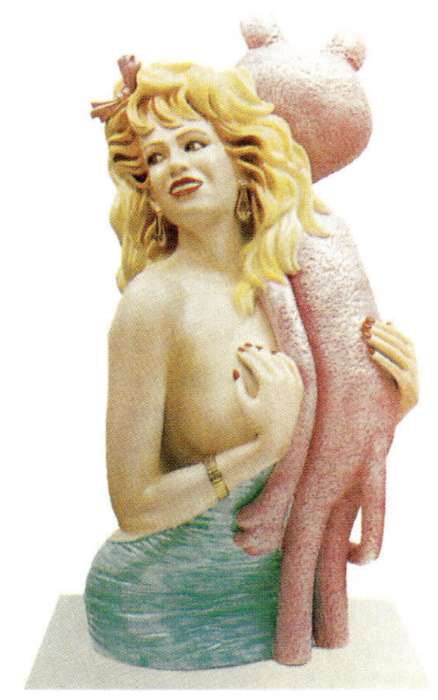

Jeff Koons:
Pink Panther, 1988

China
104.1 x 52.1 x 48.3 cm

Porzellan
104,1 x 52,1 x 48,3 cm

Porcelaine
104,1 x 52,1 x 48,3 cm

scenes (p. 85), the artist's voyeurism works through mirrors, offering in one case a reprise of Henri Matisse's *Carmelina* (1903), in which we are confronted, like the artist, with a nude female model propped up on a table in the manner of a still life while, in the mirror behind her, we glimpse a reflection of the artist at work on this passive, but sexually inviting subject. In terms of the latest feminist discourses from the 1980s and 90s, such images speak volumes about both the realities and the cultural myths that continue to define the imbalances of male-female relationships.

On a far less lofty note, however, and one that has more to do with pleasure and humor than with the unveiling of social iniquities, the last decade has also revealed Ramos as a pioneer of kitsch art, a painter able to embrace fully the technicolor vulgarities and plastic textures of popular imagery and recreate them as works intended to be seen in the elite ambiance of galleries and museums. In the way that new art always changes our perception of old art, the work of Jeff Koons, in particular, has altered our view of Ramos, turning his early work into a prophesy of later excursions into the forbidden territory of erotic kitsch. When we now see Koons' work of the last decade – a gallery ad with the artist posing alongside two pin-up girls in bikinis and a braying mule, or a porcelain sculpture of a blonde cuddling a pink panther to her naked breasts (p. 19) – we may be reminded that such wilful violations of the conventions of good taste and propriety, in the context of better-mannered art, have a past. And Ramos also appears to be the precursor of such recent explorations of upside-down feminism as Richard Prince's blow-ups of "biker chick" photographs or Lutz Bacher's new takes on the "Vargas girl".

Here, as elsewhere, Ramos emerges as an artist who has carved out an indispensable niche for himself, facing backwards and forwards to old masters and young Turks, and outwards to the real world of *Playboy*, California life style and the pros and cons of political correctness. Who knows where he will lead us next?

Robert Rosenblum

dieses wichtige Thema in vielerlei Hinsicht. Da wäre zunächst einmal der idealisierte akademische Akt – eine Tradition, deren brillantester Vertreter Ingres war und deren Beliebtheit durch Ingres' zahllose Nachahmer, von Cabanel bis Bouguereau, noch weiter gesteigert wurde. Das junge, zu reifer Sinnlichkeit erblühte Fleisch solcher Akte ist glatt und vollkommen wie Marmor und frei von jeglichem Makel, wie Schamhaaren und denkendem Verstand.

Diese schwachköpfige Rasse makelloser Leiber, die mit ihrem leeren, aber verführerischen Ausdruck nur für eines gut waren, war in unserem Jahrhundert auf die Ebene der Pin-up-Illustratoren herabgesunken. Auch bei ihnen gab es, wie bei den akademischen Malern des neunzehnten Jahrhunderts, eine Art Hackordnung. An der Spitze standen Alberto Vargas und George Petty, die heute eine große Renaissance erleben. Auf genau diese lange Tradition spielen viele von Ramos' Akten an, und die Herausforderung, diese erotischen Göttinnen mit einer Wendung ins Satirische neu zu beleben, ist eine der großen treibenden Kräfte seiner gesamten Karriere. Er ließ diese Tradition in einem neuen Licht erscheinen, indem er uns vor Augen führte, wie weitverbreitet die amerikanische Mischung aus Sex und Reklame war. Dies geschah in den sechziger Jahren häufig durch die Verbindung amerikanischer Markennamen – Kellogg's, Firestone, Lucky Strike, Del Monte, Kraft – mit einer bunten Mischung attraktiver Mädchen, die diese Waren anpreisen. In diesem Zusammenhang glossiert er überdies manche der metamorphischen sexuellen Phantasien des New Yorker Dada, der eine Vorliebe dafür hatte, gut gebaute amerikanische Mädchen mit Produkten des Maschinenzeitalters gleichzusetzen. So betrachtet, ist Francis Picabias 1915 entstandene Zeichnung einer Zündkerze der Marke For-Ever, der er den Titel *Portrait d'une jeune fille américaine dans l'état de nudité* (S. 15) gab, ein Vorläufer von Ramos' *A. C. Annie* von 1971 (S. 17), einem Bild, auf dem ein amerikanisches Mädchen, ebenfalls unbekleidet, die phallische Spitze einer gewaltigen Zündkerze von AC liebkost.

In den achtziger Jahren treten, wie in der Frauenforschung auch, an die Stelle dieser kruden Gleichsetzungen zusehends subtilere Darstellungen des Kräftespiels zwischen Mann und Frau. Insbesondere erweckt Ramos' Serie von Bildern, die sich mit Künstlern und ihren Modellen beschäftigt (S. 85, 87), dieses traditions-

port de forces entre hommes et femmes. La série de Ramos, consacrée aux artistes et à leurs modèles (p. 85, 87), relance ce thème vénérable dans l'art occidental qui, lui-même, avait fourni maintes fois un riche terrain d'études aux féministes: le dialogue entre le modèle féminin, passif et plus souvent nu qu'habillé, et l'artiste masculin, maître de la situation et dévisageant sa captive pour des raisons à la fois érotiques et esthétiques. En sachant exagérer les contenus secrets de ces représentations de femmes, qu'il s'agisse de tableaux se trouvant dans des musées ou d'images représentées dans des magazines pour hommes, Ramos place à notre époque contemporaine les rapports qui existent entre l'artiste, le modèle et l'œuvre d'art. Ce faisant, il se réfère fréquemment, comme par le passé, à des œuvres anciennes. Le modèle blond qui descend l'escalier à pas comptés, serviette en main et prête pour une séance de pose, évoque l'ambiance d'un concours de Miss Amérique, où tous les regards se tournent vers la candidate, tout en étant une plaisanterie à l'encontre du célèbre tableau de Marcel Duchamp (p. 87). Dans d'autres scènes d'ateliers (p. 85), les miroirs reflètent le voyeurisme de l'artiste, comme dans la variante de *Carmelina* d'Henri Matisse (1903): à partir de la perspective de l'artiste, nous voyons de face un modèle nu, placé sur une table comme une nature morte, tandis que le miroir derrière lui nous renvoie l'image de l'artiste travaillant sur ce sujet passif et pourtant excitant. Pour les féministes des années quatre-vingts et quatre-vingt-dix, ces tableaux en disent long sur la réalité des choses comme sur les mythes culturels qui continuent à définir ce deséquilibre qui existe dans les rapports entre hommes et femmes.

Pourtant, à un niveau beaucoup moins abstrait – un niveau qui a plus à voir avec l'amusement et l'humour qu'avec la révélation des inégalités sociales – la dernière décennie nous a également montré Ramos comme un pionnier du kitsch. Il a réussi en effet à s'emparer de toutes les vulgarités technicolores et à les transformer en œuvres destinées à être vues dans l'ambiance élitaire des galeries et musées. De même que l'art nouveau modifie toujours notre perception de l'art ancien, les travaux de Jeff Koons en particulier ont affecté notre conception à l'égard de Ramos. Il nous semble aujourd'hui que ses œuvres de jeunesse préfigurent ses excursions dans le monde interdit du kitsch érotique. Si nous considérons aujourd'hui les ouvrages de Jeff Koons d'il y a dix ans – l'affiche d'une galerie, où l'artiste pose en compagnie de deux pin up en bikini et une mule en train de braire, ou la sculpture en porcelaine d'une blonde qui serre contre sa poitrine nue une panthère rose (p. 19) – on se rappellera peut-être alors que ces offenses voulues aux conventions du bon goût et des bonnes manières ont une tradition. Par ailleurs, Ramos paraît être le précurseur des dernières confrontations avec un féminisme raté, comme elles se manifestent par exemple dans les photos en grand format de Richard Prince ou dans les variations des filles de Vargas de Lutz Bacher.

Ici comme ailleurs, Ramos s'est ménagé une place importante: son regard se dirige à la fois vers le passé et l'avenir, vers les anciens maîtres et les jeunes rebelles, et vers l'extérieur dans le monde réel du *Playboy*, le style de vie américain, le pour et le contre du «political correctness». Qui sait ce qu'il nous réserve encore?

Robert Rosenblum

reiche Thema der westlichen Kunst zu neuem Leben.
Hier bietet sich reiches Betätigungsfeld für feministi-
sche Untersuchungen über die Machtverhältnisse im
Dialog zwischen dem passiven weiblichen Modell, das
ebensooft nackt wie bekleidet ist, und dem männlichen
Künstler, der Herr der Lage ist und seine Gefangene mit
einem besitzergreifenden Blick mustert, der nicht nur
ästhetisch, sondern zugleich auch erotisch motiviert ist.
Mit seinem Talent, durch Übertreibung die verborgenen
Inhalte solcher Frauendarstellungen offenzulegen, ob es
nun Bilder in Museen oder in Männerzeitschriften sind,
inszeniert Ramos das Wechselspiel zwischen Künstler,
Modell und Kunstwerk auf zeitgemäße Weise neu,
wobei er, wie früher schon so oft, immer wieder ältere
Kunstwerke zitiert. Das blonde Modell, das, mit einem
Handtuch in der Hand, bereit zum Modellsitzen, gemes-
senen Schrittes eine Treppe hinabschreitet, verbindet die
Stimmung eines Miss-Amerika-Wettbewerbs, bei dem
aller Augen auf die Kandidatin gerichtet sind, mit einer
ironischen Verbeugung vor Marcel Duchamps berühmt-
berüchtigtem Symbolbild modernistischer Extreme
(S. 87). In anderen Atelierszenen (S. 85) bringen Spiegel
den Voyeurismus des Künstlers zum Ausdruck, wie etwa
in einer Neuauflage von Henri Matisse' *Carmelina* (1903),
wo wir aus der Perspektive des Künstlers frontal ein
nacktes weibliches Modell erblicken, das, einem Stille-
ben gleich, auf dem Tisch drapiert ist, und im Spiegel
hinter ihr sehen wir den Künstler bei der Arbeit an diesem passiven und doch aufreizenden Sujet. Aus dem
Blickwinkel der jüngsten feministischen Diskussion der
achtziger und neunziger Jahre sprechen solche Bilder
Bände, sowohl was die tatsächlichen Verhältnisse als
auch was die überkommenen Mythen angeht, die noch
immer das Ungleichgewicht im Verhältnis der Geschlechter bestimmen.

Auf einer weit weniger abstrakten Ebene – einer,
die mehr mit Spaß und Humor zu tun hat als mit der
Enthüllung sozialer Ungerechtigkeiten – hat das vergan-
gene Jahrzehnt Ramos wiederum in einem neuen Licht
erscheinen lassen, nämlich als einen Pionier der Kitsch
Art. Als Künstler hat er es fertiggebracht, sich die Hoch-
glanz-Geschmacklosigkeiten und die Kunststoffwelten
populärer Bilder gänzlich zu eigen zu machen und sie in
Werke zu verwandeln, die für den elitären Rahmen von
Galerien und Museen bestimmt sind. So wie neue Kunst
stets unsere Wahrnehmung alter Kunst modifiziert,

haben insbesondere die Arbeiten von Jeff Koons unsere
Sicht auf Ramos verändert. Seine frühen Werke erscheinen uns heute als Vorboten späterer Ausflüge in das ver-
botene Land des erotischen Kitsches. Wenn wir heute
Koons' Arbeiten des letzten Jahrzehnts betrachten – das
Plakat einer Galerie, auf dem der Künstler neben zwei
Bikinischönheiten und einem brüllenden Maultier
posiert, oder die Porzellanskulptur einer Blondine, die
den rosaroten Panther an ihren nackten Busen drückt
(S. 19) –, dann erinnert uns das vielleicht daran, daß
solche, vor den Hintergrund einer gesitteteren Kunst
gesetzten, bewußten Verstöße gegen die Konventionen
des guten Geschmacks und des Anstands Tradition
haben. Überdies erscheint Ramos als Vorläufer neuerer
Auseinandersetzungen mit einem auf den Kopf gestell-
ten Feminismus, wie wir sie von Richard Princes groß-
formatigen »Motorradbraut«-Fotos oder von Lutz
Bachers Neufassungen des Vargas-Girls kennen.

Hier wie anderswo wird uns nun klar, eine welch
zentrale Position sich der Künstler Ramos geschaffen
hat, denn sein Blick ist zugleich rückwärts- und nach
vorn gewandt, zu den alten Meistern und zu den jungen
Rebellen, und nach draußen in die reale Welt des *Playboy*, die Welt des kalifornischen Way of life, des Für und
Wider aller »political correctness«. Wer weiß, was er
als nächstes mit uns vorhat?

Robert Rosenblum

Mel Ramos in his studio, 1991
Photo: James Arkatov

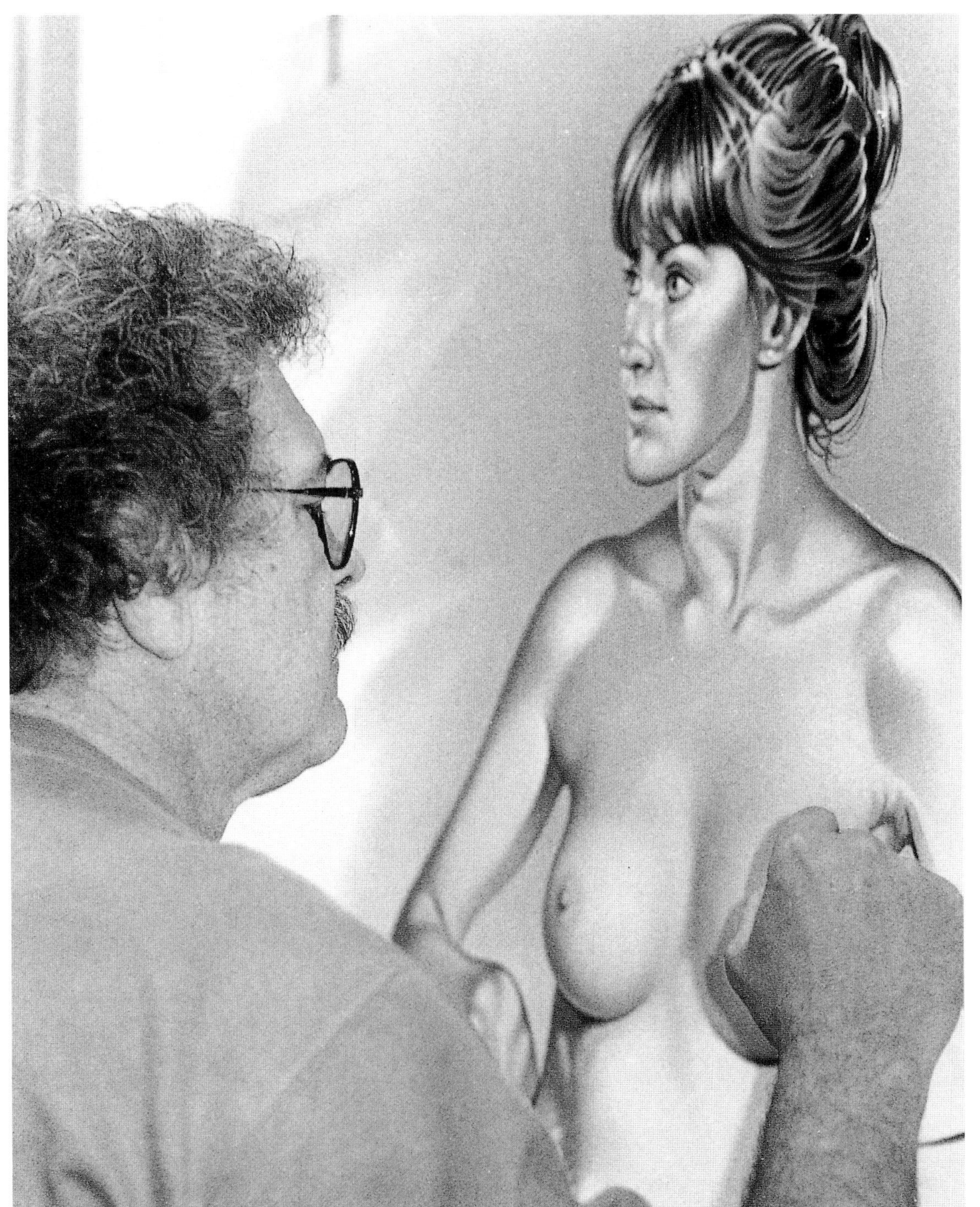

"Someone once asked me if I had a strategy for making
my comic heroes. It occured to me that Homer sang
of the gods although he didn't invent them, nor the
allegories with which they are associated. He did,
however, sense the importance of these mythic figures,
organized his material in a meaningful manner and
presented it compellingly. I suppose this was also my
strategy."

»Einmal wollte jemand wissen, ob ich bei den Comic-
Helden eine bestimmte Arbeitsmethode hätte. Da ging
mir durch den Kopf, daß Homer die Götter besungen
hat, aber erfunden hat er sie nicht, ebensowenig wie
die Allegorien, in denen sie beschrieben sind. Er spürte
die Bedeutung dieser mythischen Figuren, gab seinem
Material eine sinnvolle Ordnung und bot es überzeu-
gend dar. Ich denke mir, das ist auch meine Methode.«

«Un jour, quelqu'un a voulu savoir si j'avais une méthode de travail bien précise pour mes héros de bande dessinée. Cette question me fit penser à Homère. Bien
qu'il ait chanté les dieux, il ne les avait pas inventés,
pas plus qu'il n'avait inventé les allégories dans lesquelles ils sont décrits. Il sentait l'importance de ces personnages mythiques, ordonnait son matériel d'une
façon sensée et présentait le tout d'une façon convain-
cante. Je pense que cette méthode est aussi la mienne.»

Joker, 1962

Oil on canvas
133 x 111.8 cm

Öl auf Leinwand
133 x 111,8 cm

Huile sur toile
133 x 111,8 cm

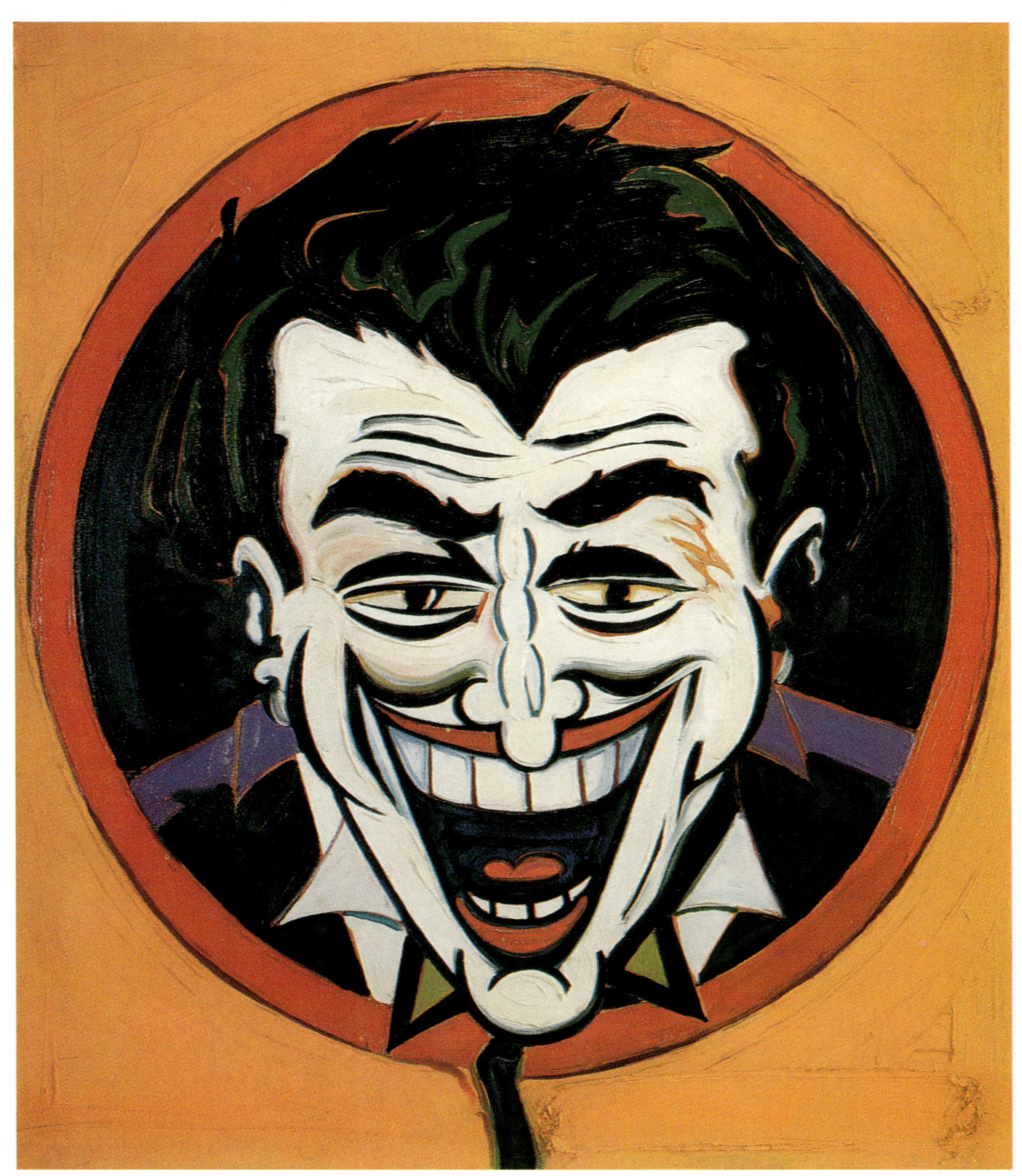

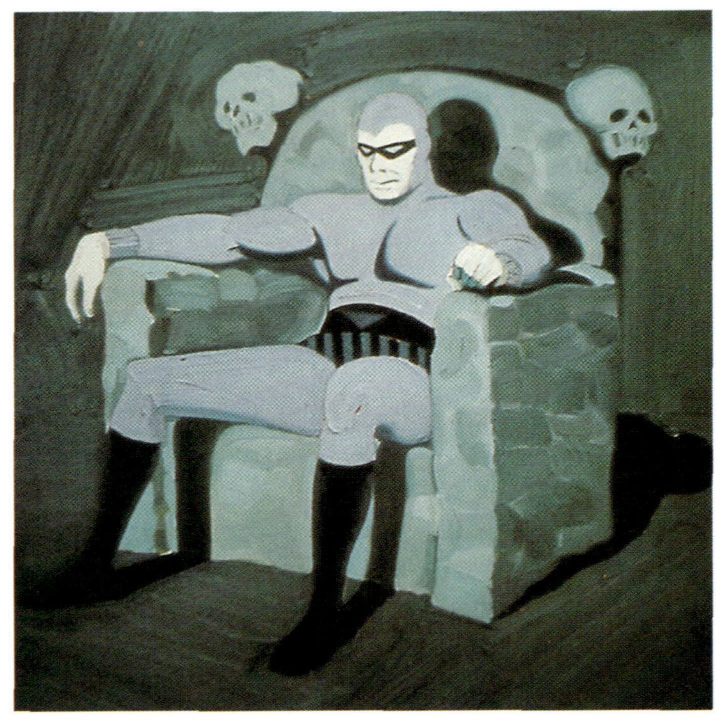

The Phantom's Den, 1962

Oil on canvas
133 x 111.8 cm

Öl auf Leinwand
133 x 111,8 cm

Huile sur toile
133 x 111,8 cm

The Phantom, 1962

Oil on canvas
86.4 x 45.7 cm

Öl auf Leinwand
86,4 x 45,7 cm

Huile sur toile
86,4 x 45,7 cm

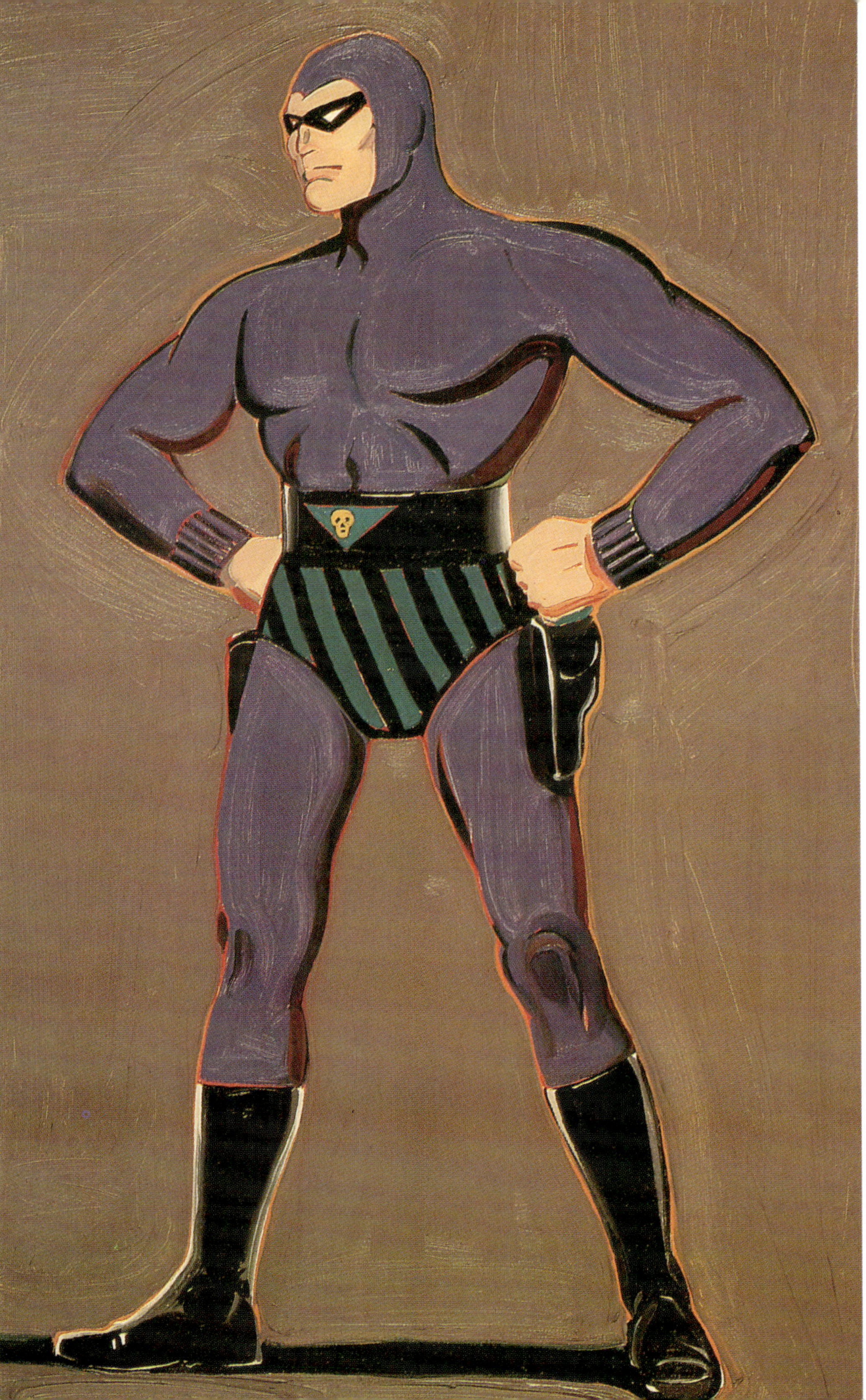

"I have always been interested in the notion of painting
as *Painting*. A constant feature in my work is that you
are always aware of the painted surface."

»Mein Interesse gilt seit jeher der Malerei als *Malerei*.
Eine Konstante meiner Arbeiten ist, daß man die
Tatsache, daß es sich um eine gemalte Oberfläche
handelt, niemals aus den Augen verliert.«

«Je m'intéresse depuis toujours à la peinture en tant
que *peinture*. Mes travaux possèdent une constante:
avec eux, on n'oublie jamais qu'il s'agit d'une surface
peinte.»

Batman No.2, 1961

Oil on canvas
76.2 x 60.96 cm

Öl auf Leinwand
76,2 x 60,96 cm

Huile sur toile
76,2 x 60,96 cm

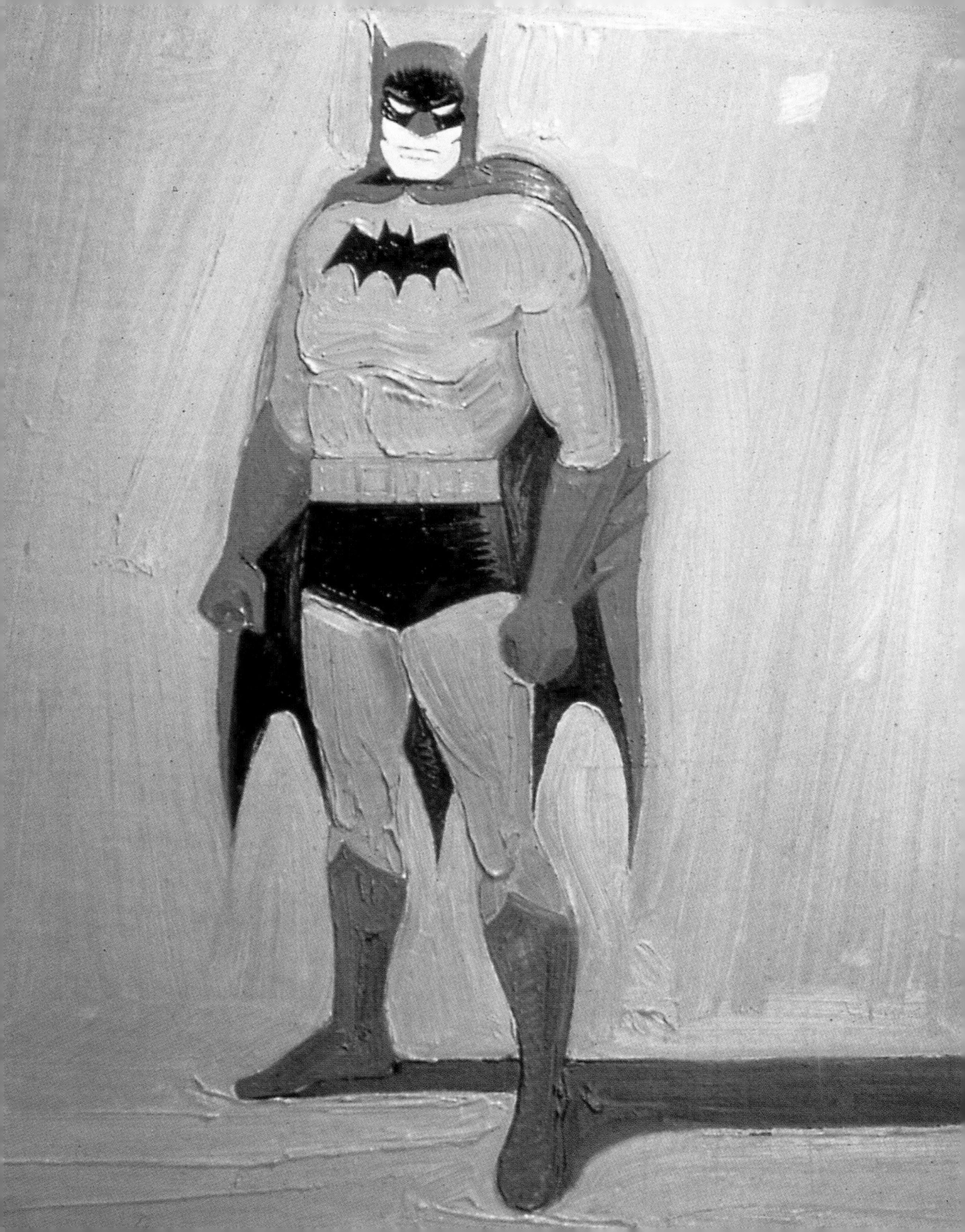

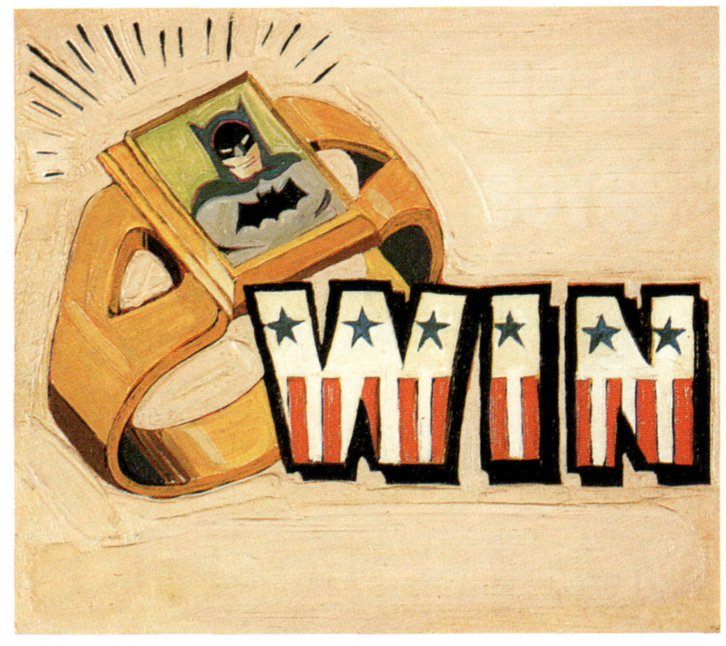

Photo Ring, 1962

Oil on canvas
25.4 x 30.5 cm

Öl auf Leinwand
25,4 x 30,5 cm

Huile sur toile
25,4 x 30,5 cm

Batmobile, 1962

Oil on canvas
133 x 111.8 cm

Öl auf Leinwand
133 x 111,8 cm

Huile sur toile
133 x 111,8 cm

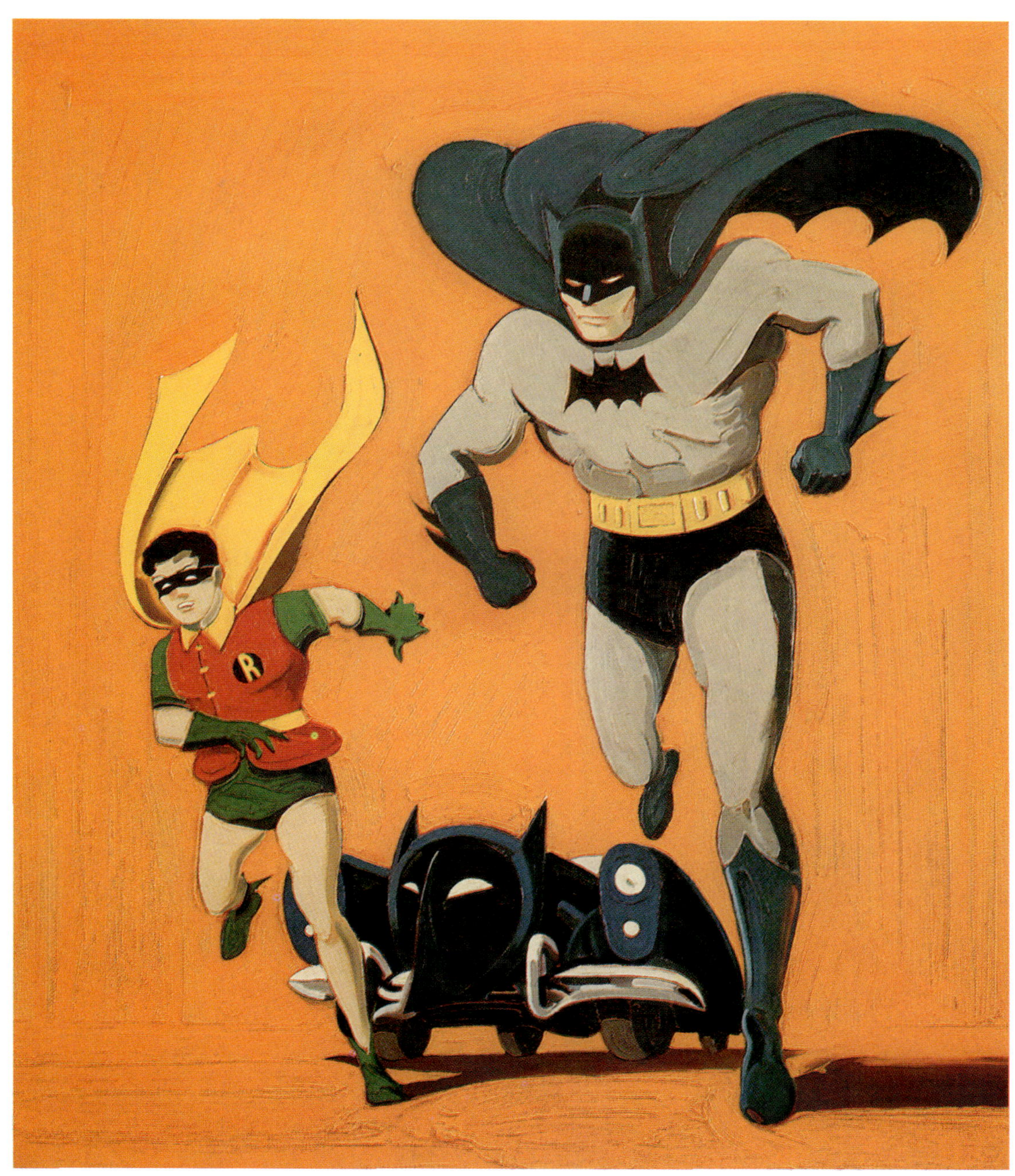

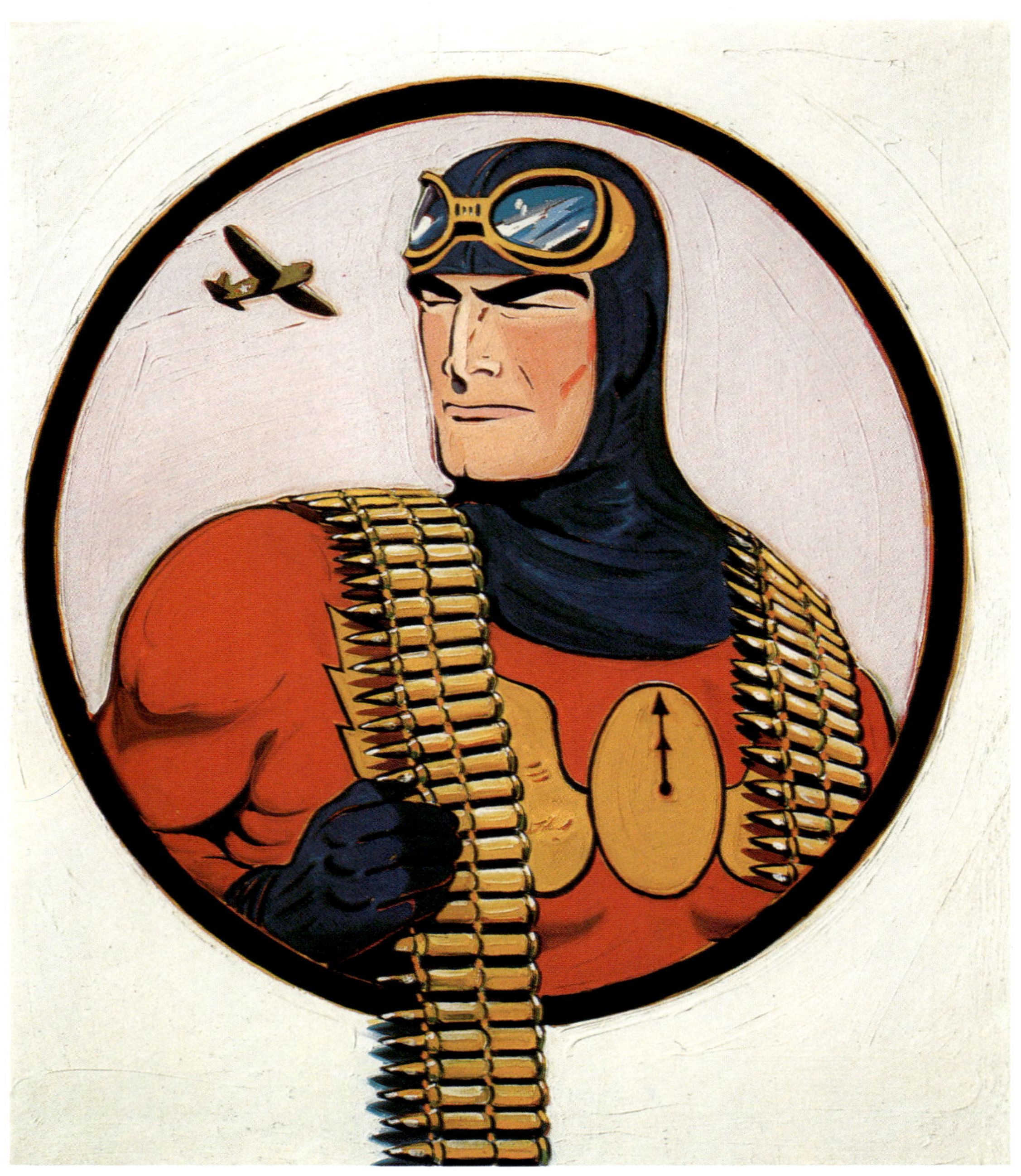

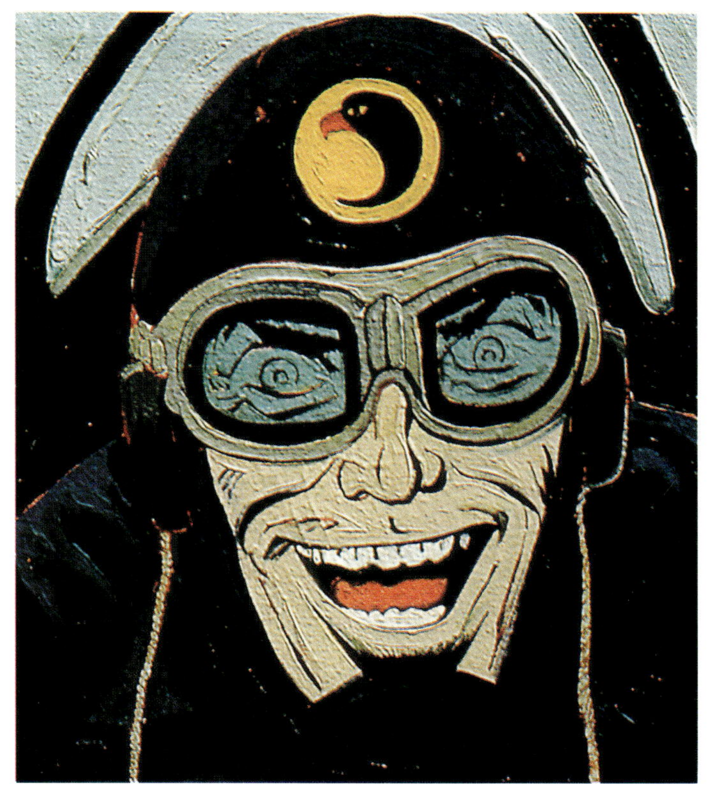

Black Hawk, 1962

Oil on canvas
30.5 x 25.4 cm

Öl auf Leinwand
30,5 x 25,4 cm

Huile sur toile
30,5 x 25,4 cm

Captain Midnight, 1962

Oil on canvas
76.5 x 66.7 cm

Öl auf Leinwand
76,5 x 66,7 cm

Huile sur toile
76,5 x 66,7 cm

"My work has a close affinity with advertising art because
it cuts through intellectual pretense and announces
itself in a straightforward manner."

»Meine Arbeiten sind eng mit der Werbegrafik verwandt,
denn sie durchbrechen intellektuelle Posen und machen eine direkte Aussage.«

«Mes travaux sont très proches du dessin publicitaire car
ils s'écartent de l'intellectualisme et disent directement
ce qu'ils ont à dire.»

Man of Steel, 1962

Oil on canvas
132 x 101.6 cm

Öl auf Leinwand
132 x 101,6 cm

Huile sur toile
132 x 101,6 cm

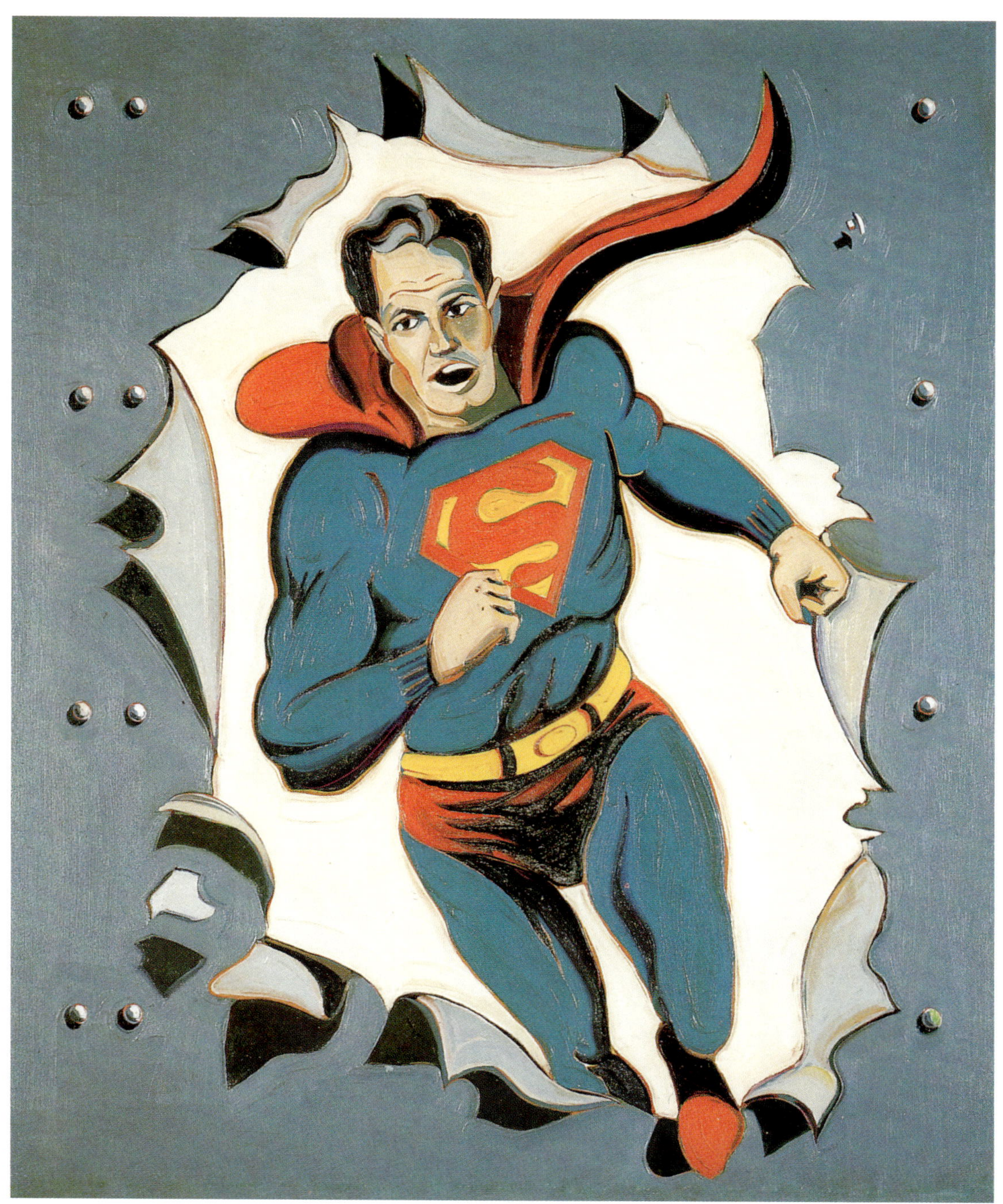

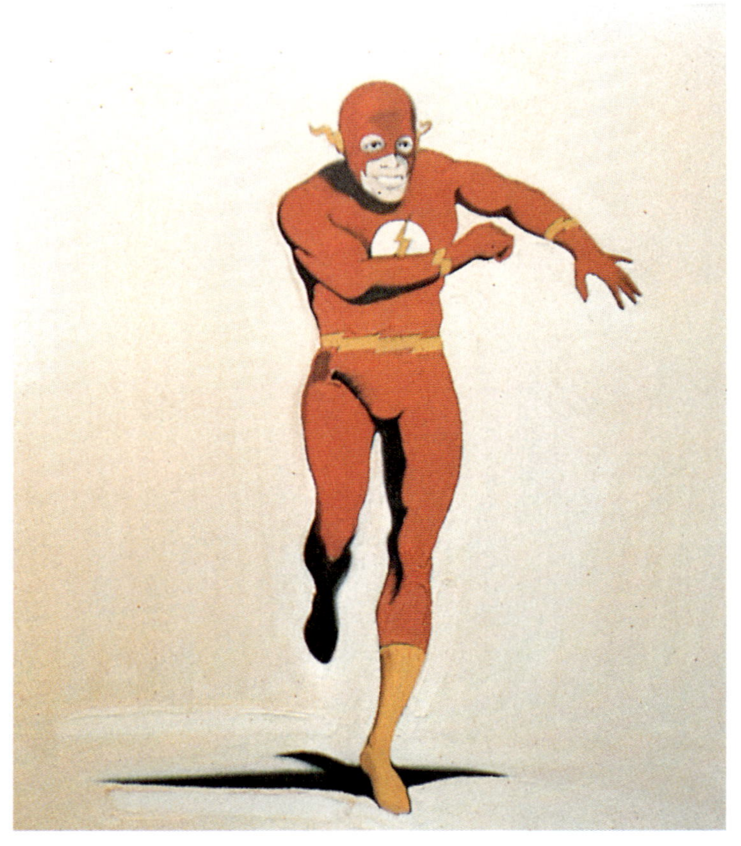

The Flash, 1961

Oil on canvas
127 x 111.8 cm

Öl auf Leinwand
127 x 111,8 cm

Huile sur toile
127 x 111,8 cm

Hawkman, 1962

Oil on canvas
133 x 111.8 cm

Öl auf Leinwand
133 x 111,8 cm

Huile sur toile
133 x 111,8 cm

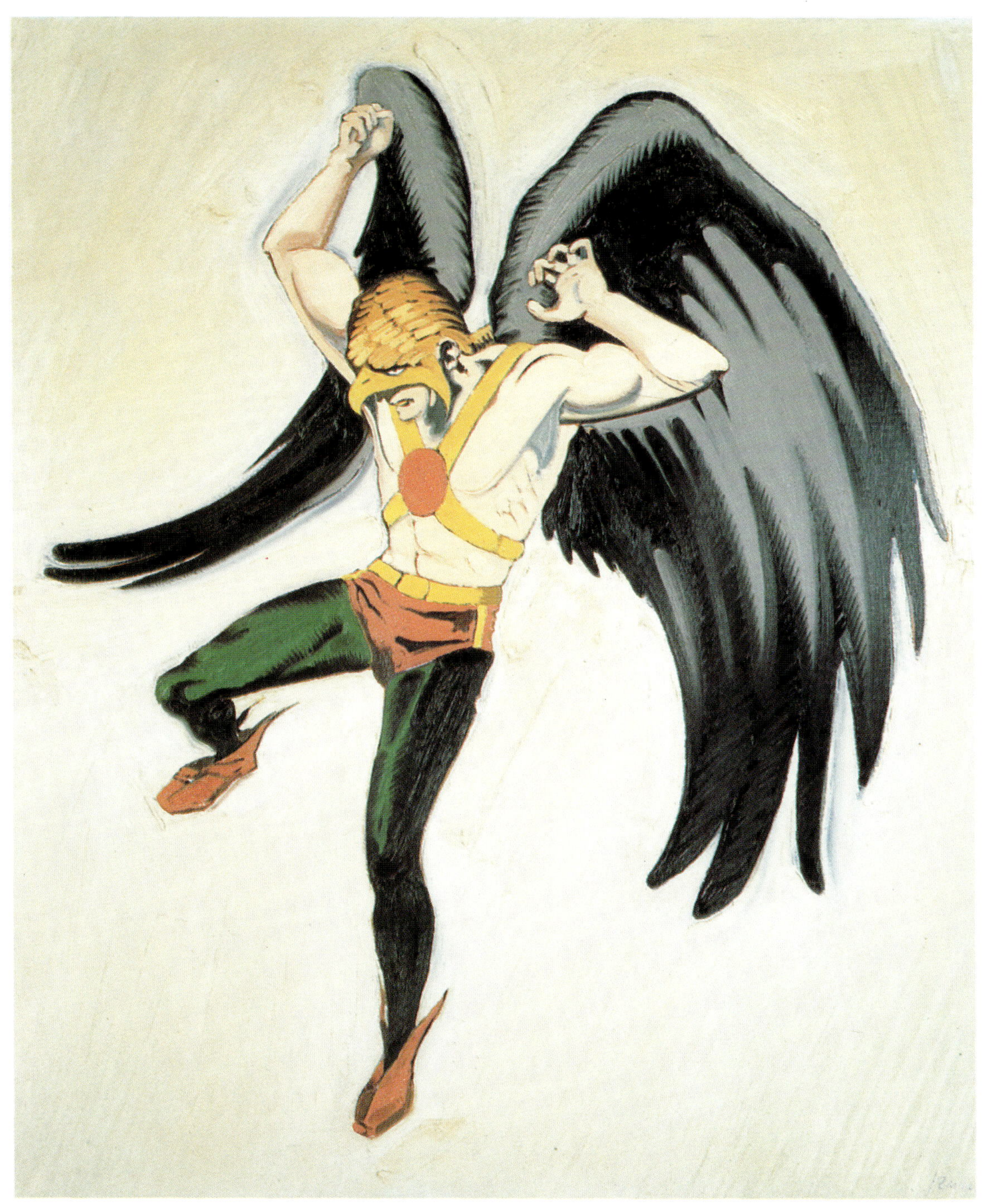

"My subjects have to do with art clichés, the symbolic,
  that continually recur in art history."

»Meine Themen haben mit Kunst-Klischees zu tun, den
  symbolhaften Verweisen, denen man in der Kunstgeschichte immer wieder begegnet.«

«Les thèmes que je traite ont un rapport avec les clichés
  de l'art, ces références symboliques que l'on rencontre
  sans cesse dans l'histoire de l'art.»

The Nile Queen, 1963

Oil on canvas
101 x 81.3 cm

Öl auf Leinwand
101 x 81,3 cm

Huile sur toile
101 x 81,3 cm

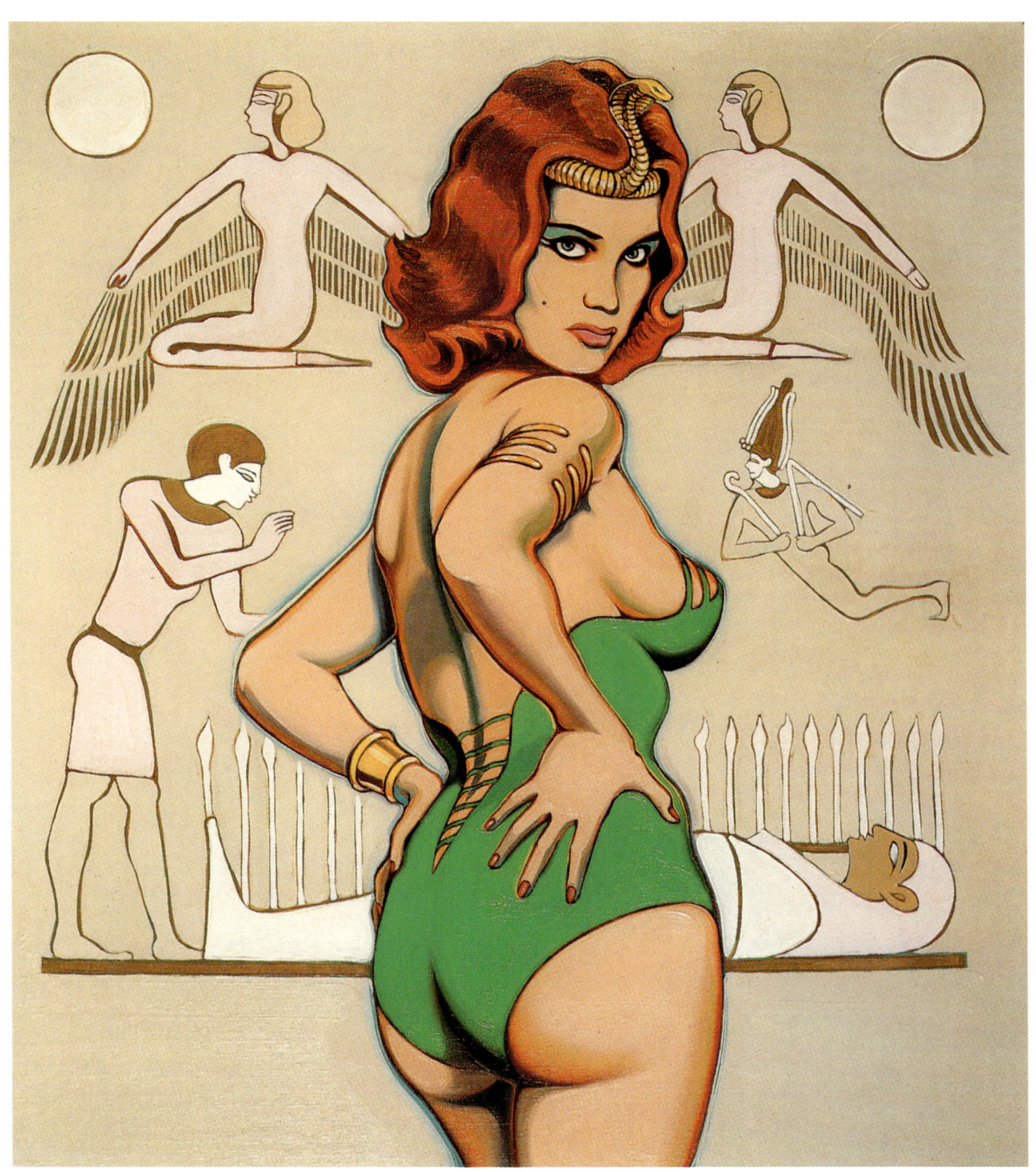

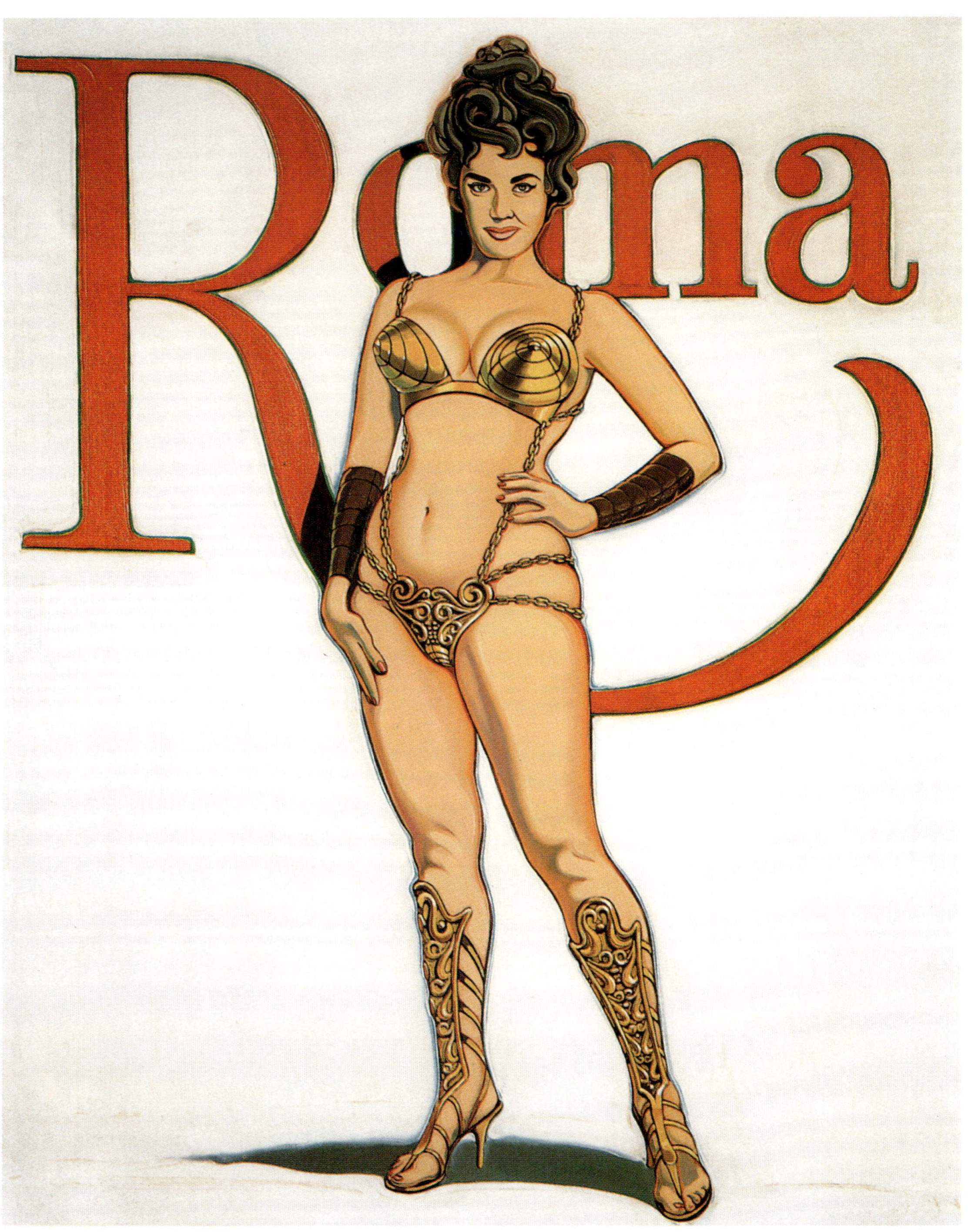
Roma

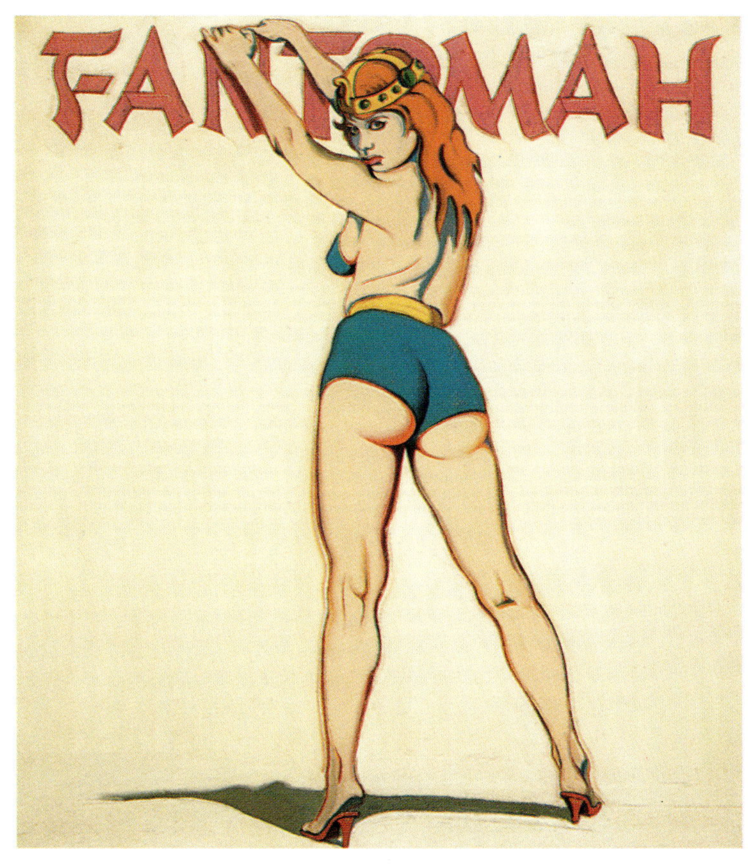

Roma
Empress of the Ancient World
1963

Oil on canvas
152.4 x 127 cm

Öl auf Leinwand
152,4 x 127 cm

Huile sur toile
152,4 x 127 cm

Fantomah
Daughter of the Pharaohs
1963

Oil on canvas
101.6 x 86.4 cm

Öl auf Leinwand
101,6 x 86,4 cm

Huile sur toile
101,6 x 86,4 cm

"I was interested in the sediment, the residue that came
from the visual explosion of consumer advertising, the
way in which it wore on your mind."

»Mein Interesse galt dem Bodensatz, dem, was von
der visuellen Explosion der Reklame übrigblieb, der
Art und Weise, wie dieser Bodensatz unser Denken
beeinflußte.«

«C'est le résidu qui m'intéressait, ce qui restait de
l'explosion visuelle des réclames, mais aussi comment
ce résidu pouvait influencer notre façon de penser.»

Pha
White Goddess
1963

Oil on canvas
125.1 x 109.8 cm

Öl auf Leinwand
125,1 x 109,8 cm

Huile sur toile
125,1 x 109,8 cm

Señorita Rio
The Queen of Spies
1963

Oil on canvas
81.3 x 66 cm

Öl auf Leinwand
81,3 x 66 cm

Huile sur toile
81,3 x 66 cm

Camilla
Queen of the Jungle Empire
1963

Oil on canvas
81.3 x 66 cm

Öl auf Leinwand
81,3 x 66 cm

Huile sur toile
81,3 x 66 cm

Sheena
Queen of the Jungle
1963

Oil on canvas
81.3 x 66 cm

Öl auf Leinwand
81,3 x 66 cm

Huile sur toile
81,3 x 66 cm

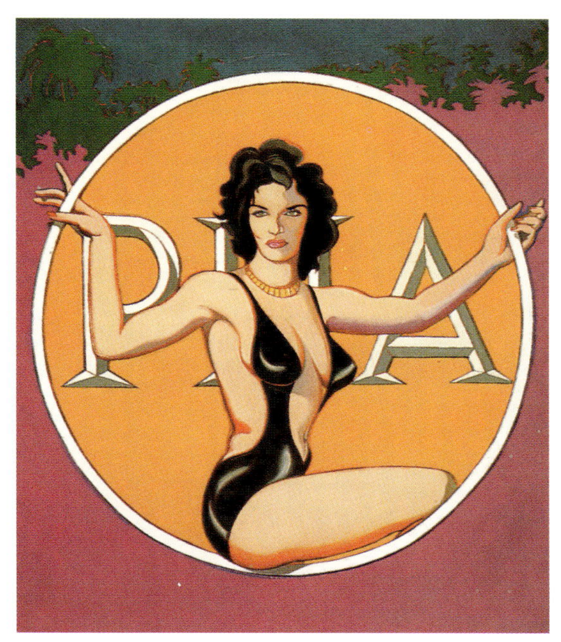

PIA

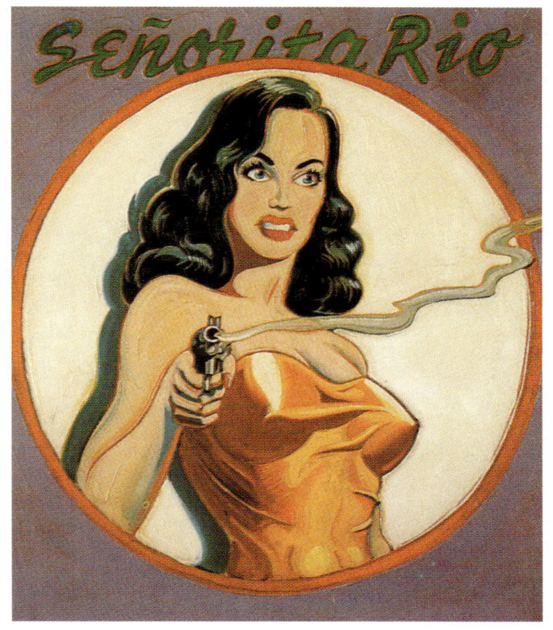

Señorita Rio

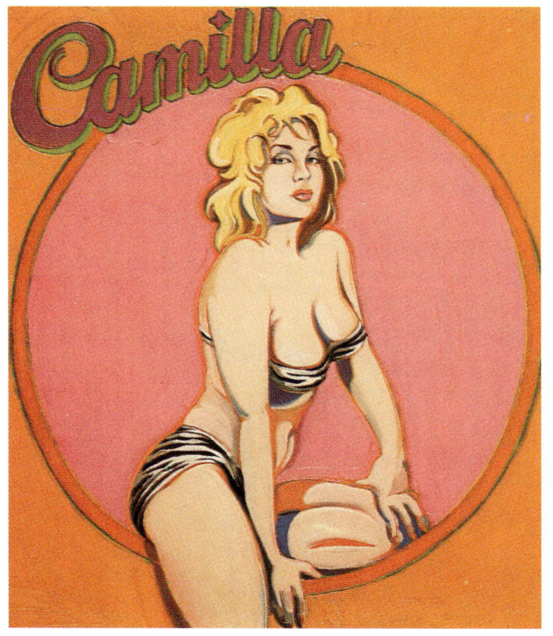

Camilla

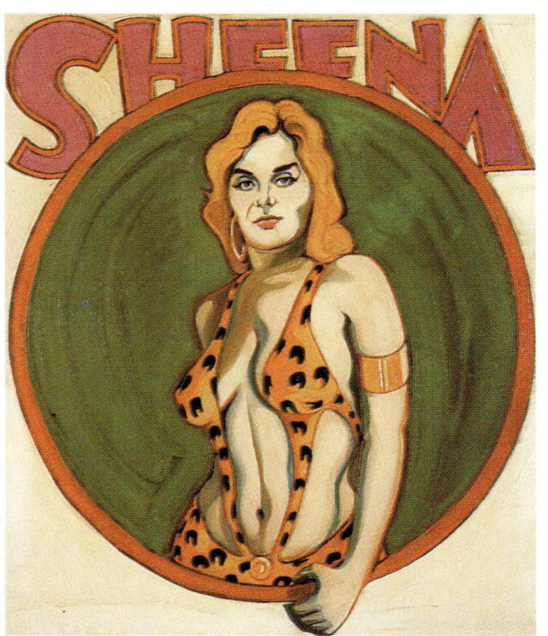

SHEENA

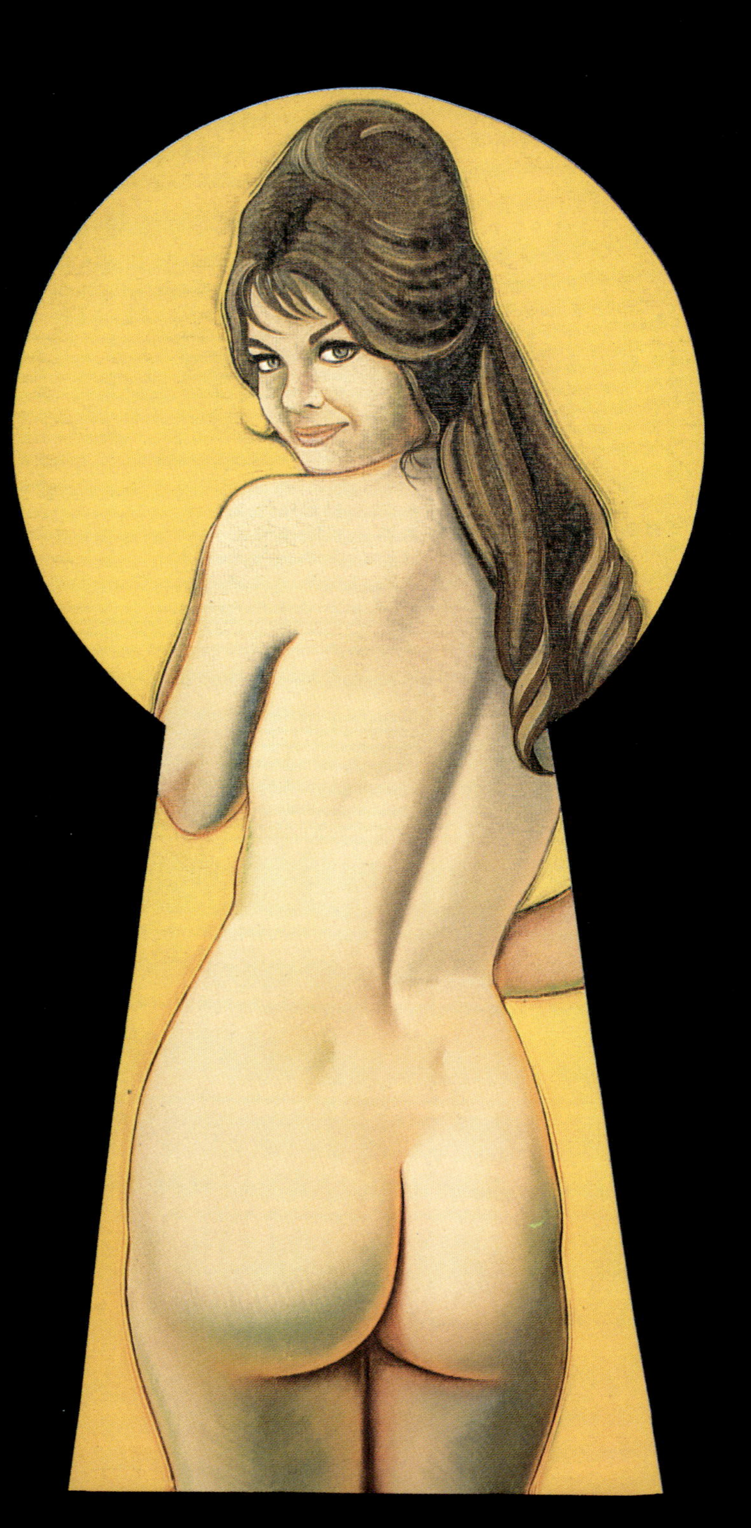

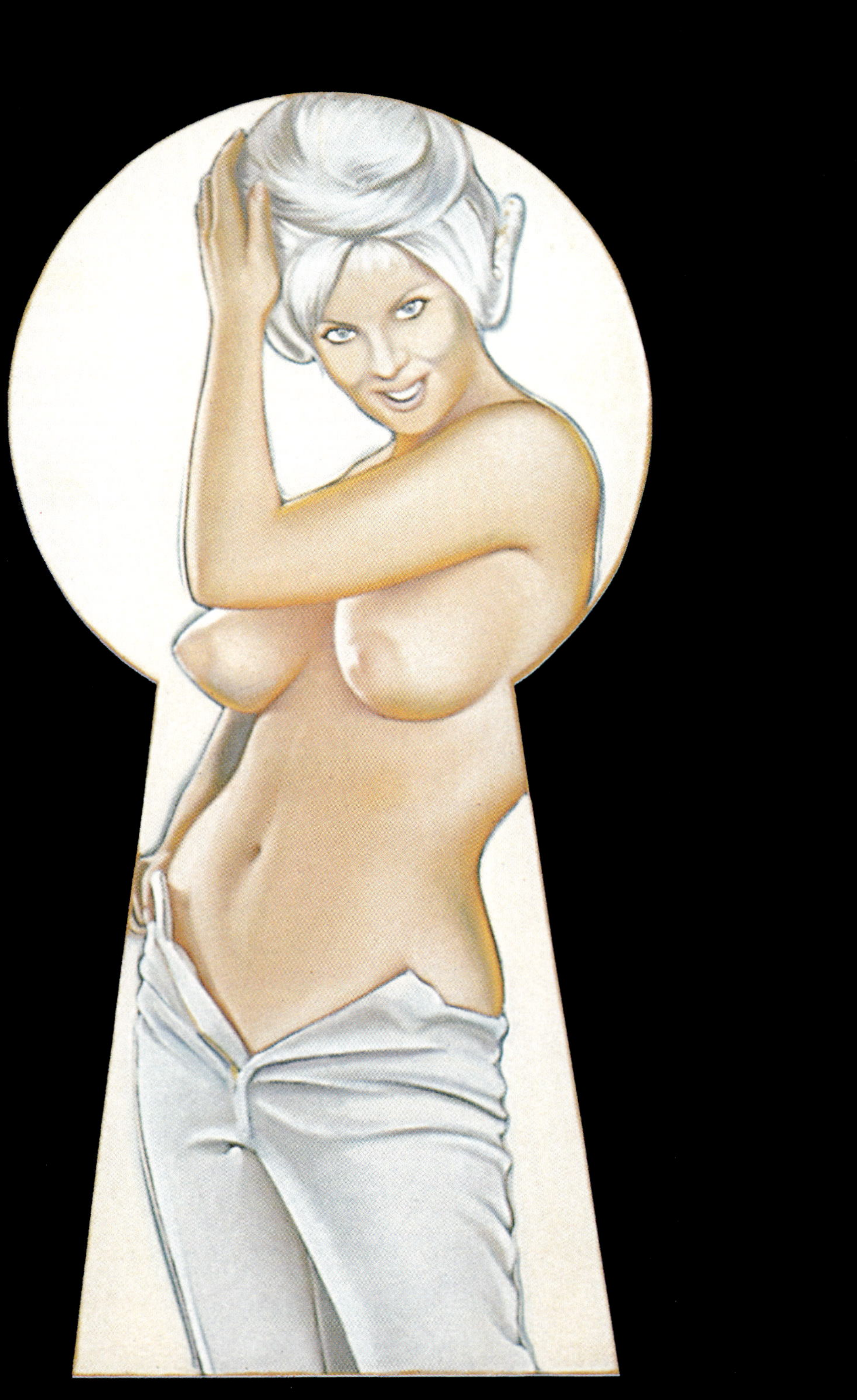

"I am for an art that attacks the eyes, I love sight thrills."

»Ich bin für eine Kunst, die einen Angriff auf das Auge
   macht, ich liebe erregende Anblicke.«

«Je suis pour un art qui agresse l'œil. J'aime les visions
   excitantes.»

**Peek-a-boo,
Brunette**
1964

**Peek-a-boo,
Platinum**
1964

Miss Fruit Salad, 1965

Oil on canvas
122 x 101.6 cm

Oil on canvas
122 x 101.6 cm

Oil on canvas
152.4 x 127 cm

Öl auf Leinwand
122 x 101,6 cm

Öl auf Leinwand
122 x 101,6 cm

Öl auf Leinwand
152,4 x 127 cm

Huile sur toile
122 x 101,6 cm

Huile sur toile
122 x 101,6 cm

Huile sur toile
152,4 x 127 cm

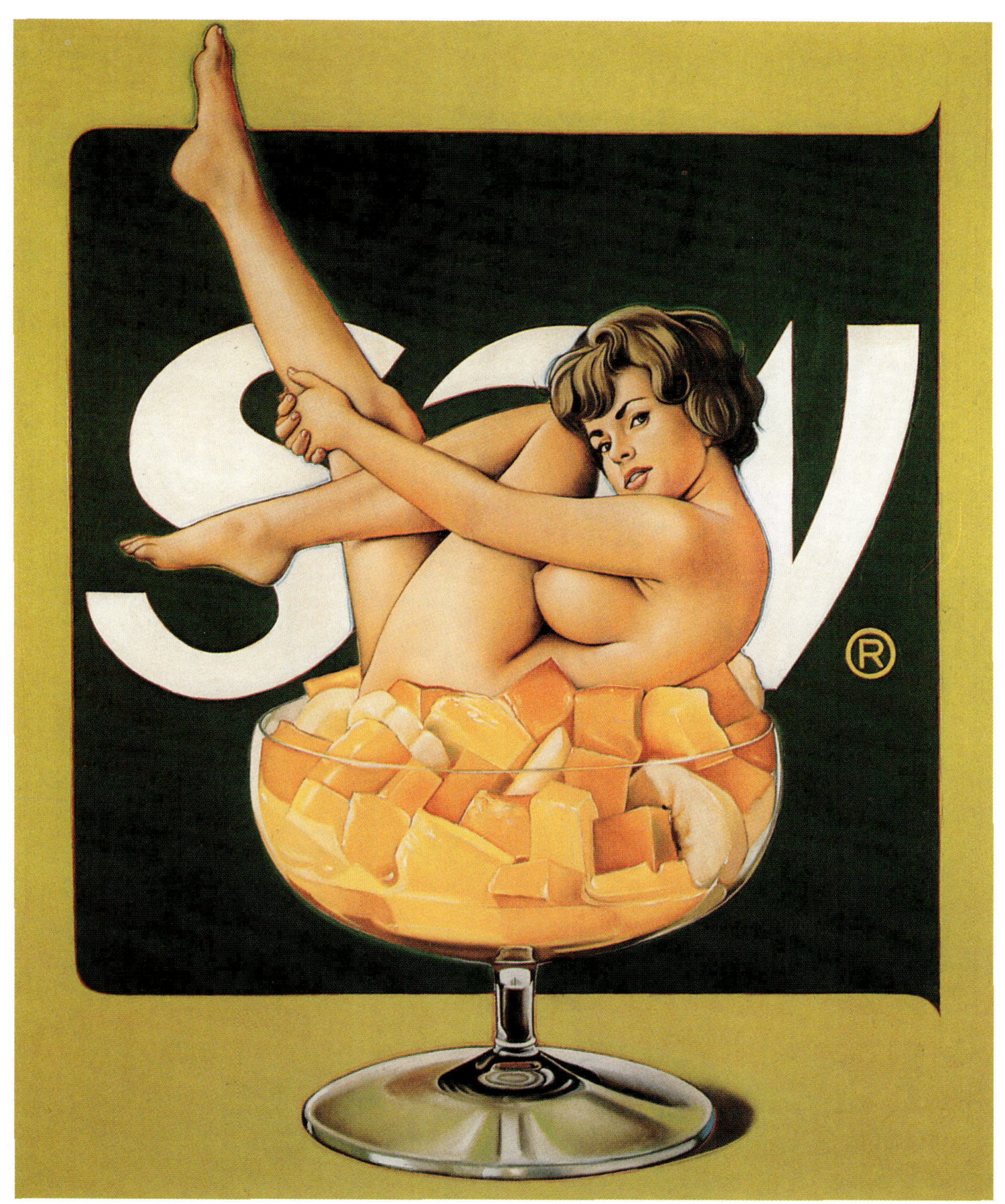

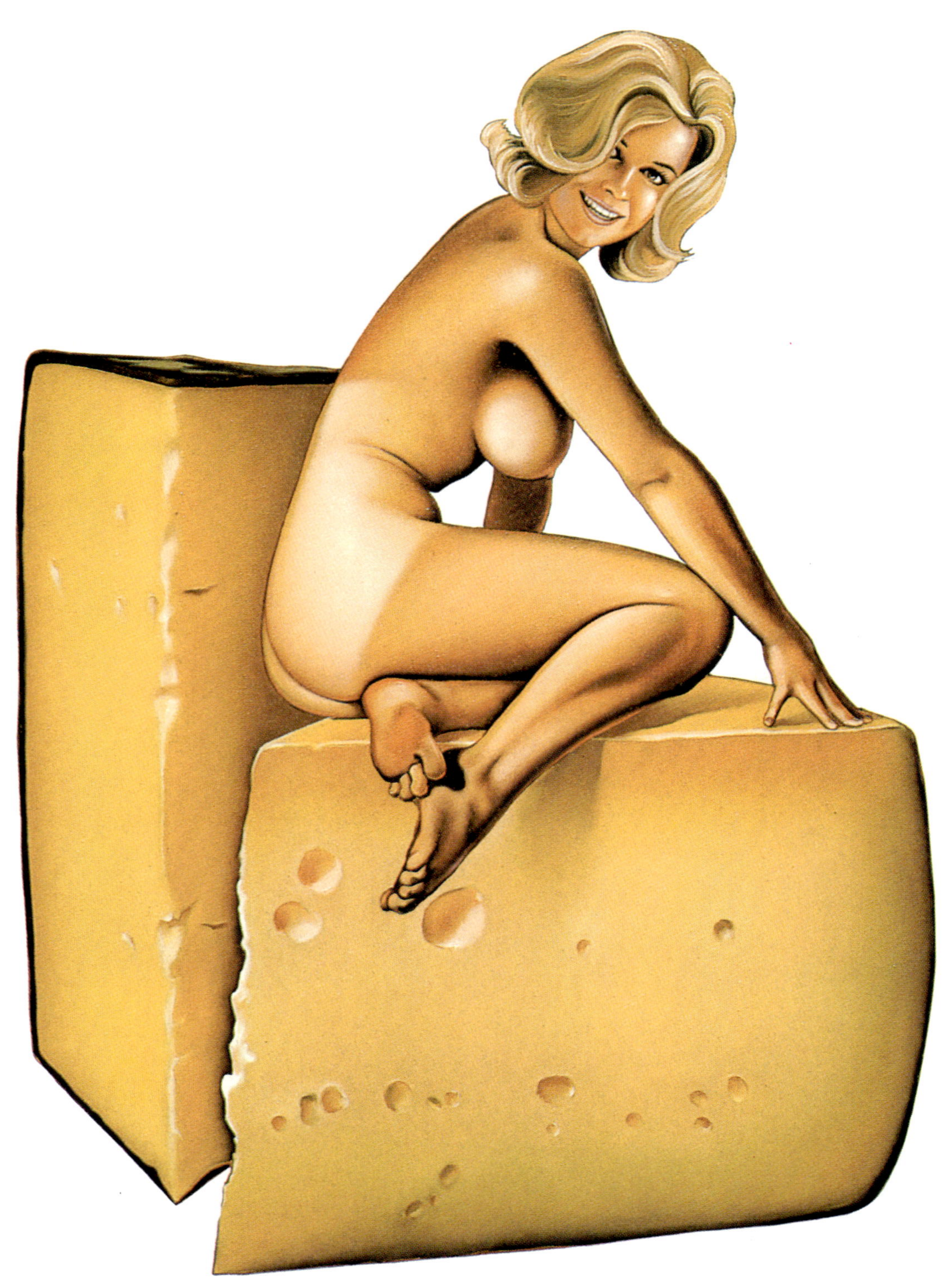

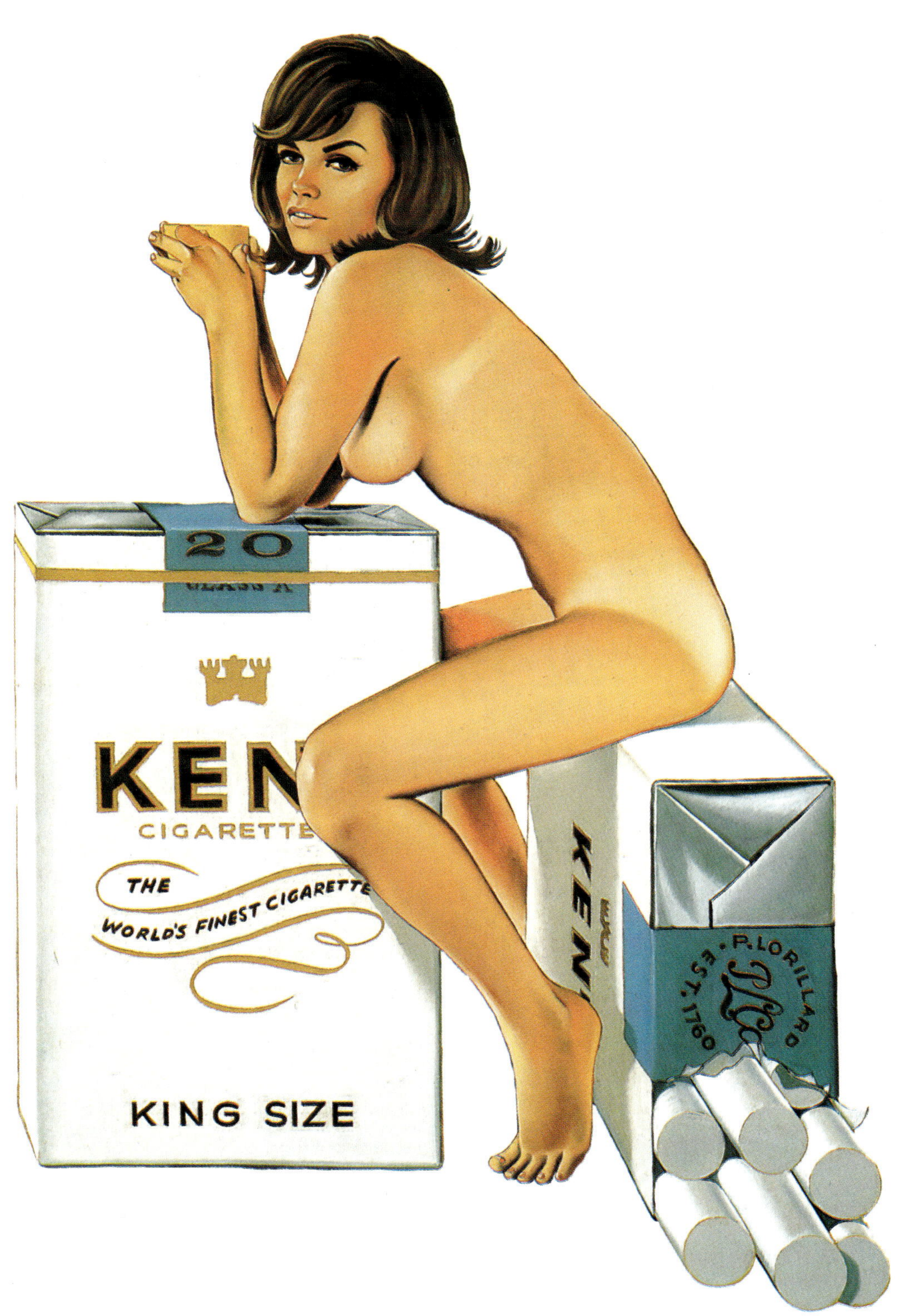
20
CLASS A
KENT
CIGARETTES
THE
WORLD'S FINEST CIGARETTE
KING SIZE
KENT
P. LORILLARD
EST. 1760

"The flesh is painted exaggeratedly fleshy. The color is
really acid, pure color-cadmium yellow straight, cadmium orange straight and so on. There is a lot of halation
around the edges."

»Das Fleisch ist geradezu übertrieben fleischlich gemalt.
Die Farben sind wirklich beißend, reines Kadmium-
gelb, reines Kadmiumorange und so weiter. Und an
den Rändern arbeite ich viel mit Überstrahlung.«

«La carnation est peinte d'un ton beaucoup trop chair.
Les couleurs sont vraiment agressives, du jaune cadmium, de l'orange cadmium, etc. Pour les bords, je
travaille beaucoup avec les dégradés.»

PAGE/SEITE/
PAGE 48

Monterey Jackie
1965

Oil on canvas
152.4 x 132 cm

Öl auf Leinwand
152,4 x 132 cm

Huile sur toile
152,4 x 132 cm

PAGE/SEITE/
PAGE 49

Micronite Mary
1965

Oil on canvas
152.4 x 117.8 cm

Öl auf Leinwand
152,4 x 117,8 cm

Huile sur toile
152,4 x 117,8 cm

Lucky Lulu Blonde, 1965

Oil on canvas
122 x 101.6 cm

Öl auf Leinwand
122 x 101,6 cm

Huile sur toile
122 x 101,6 cm

50

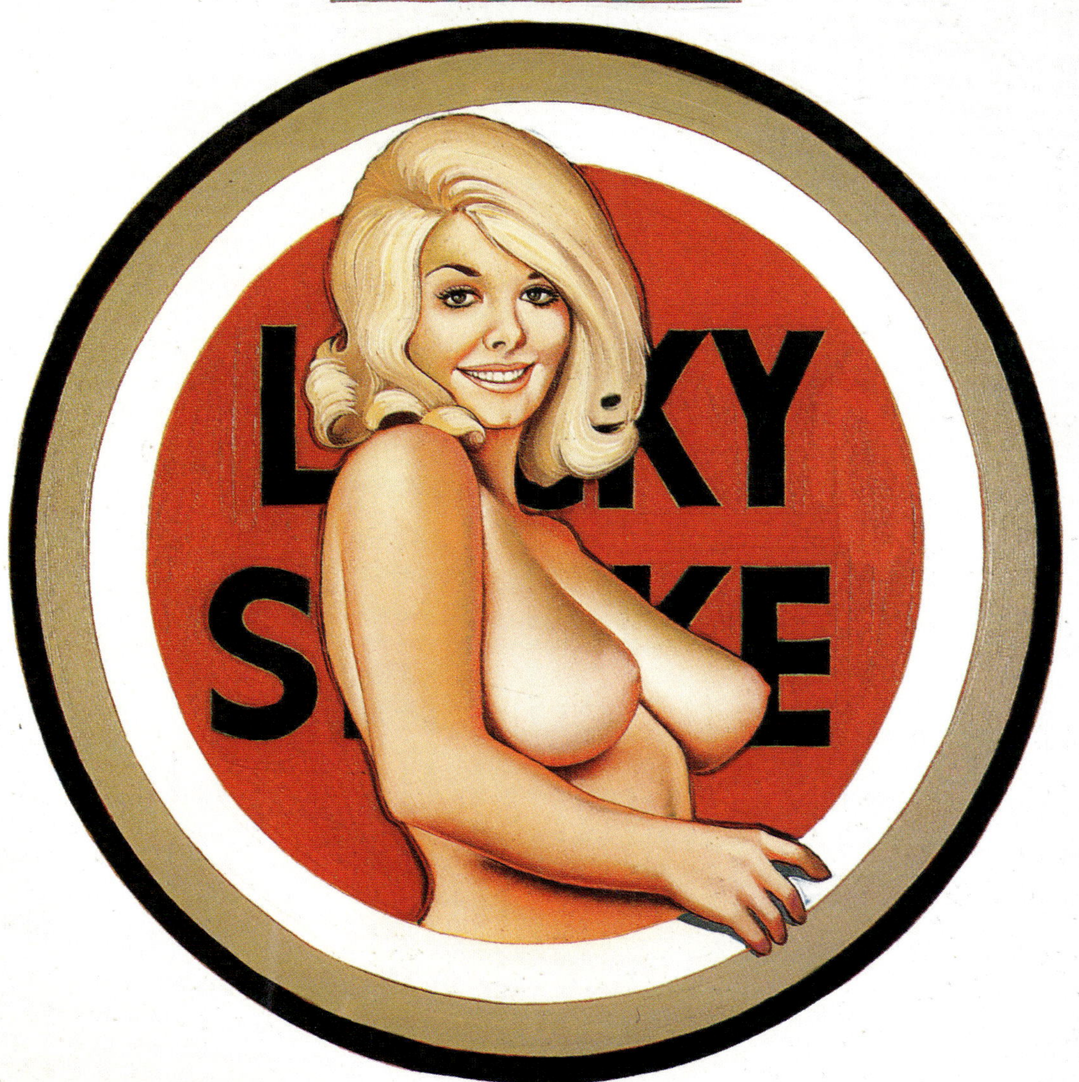
CLASS A CIGARETTES
LUCKY STRIKE
CIGARETTES

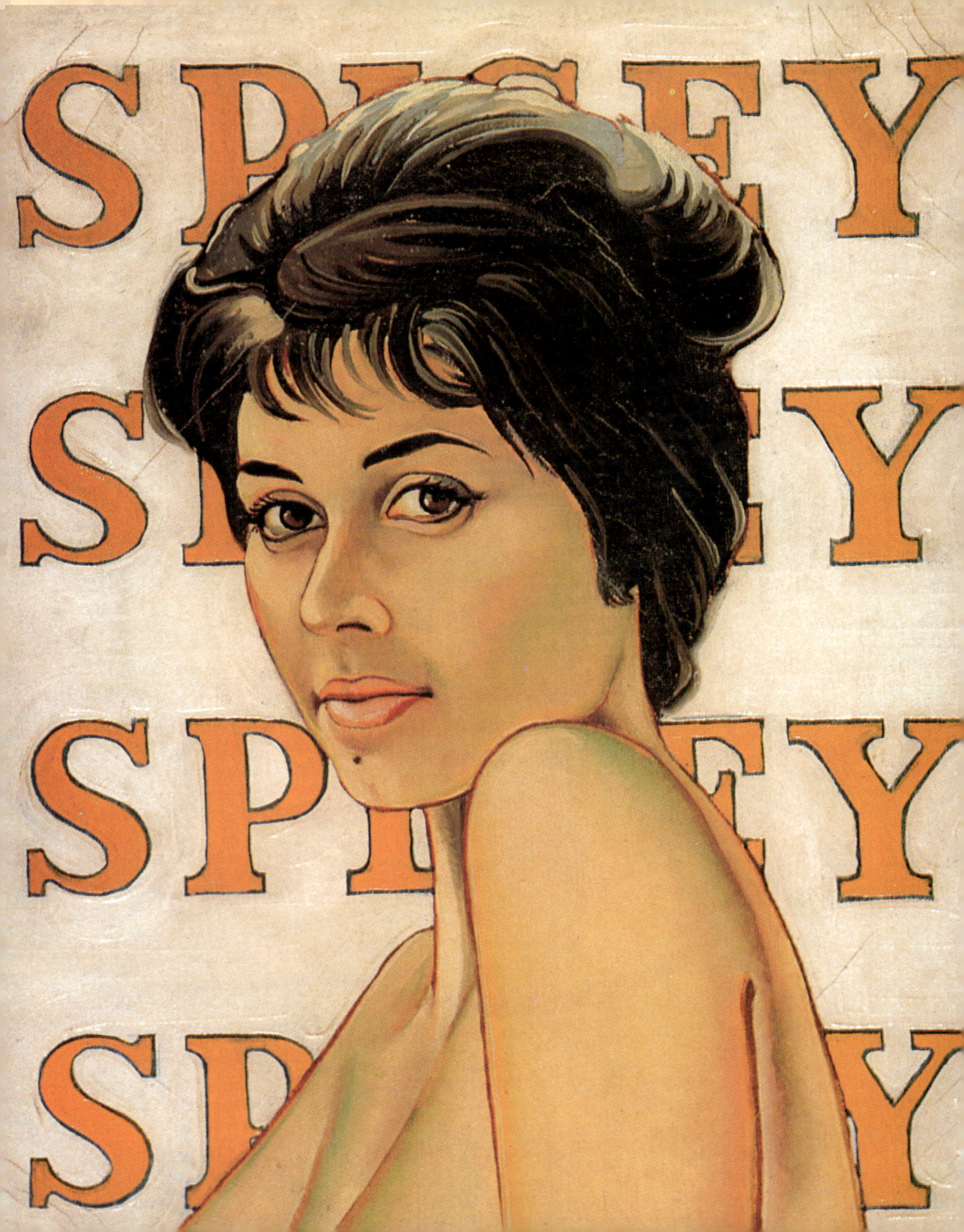

SPICEY
SPICEY
SPICEY
SPICEY

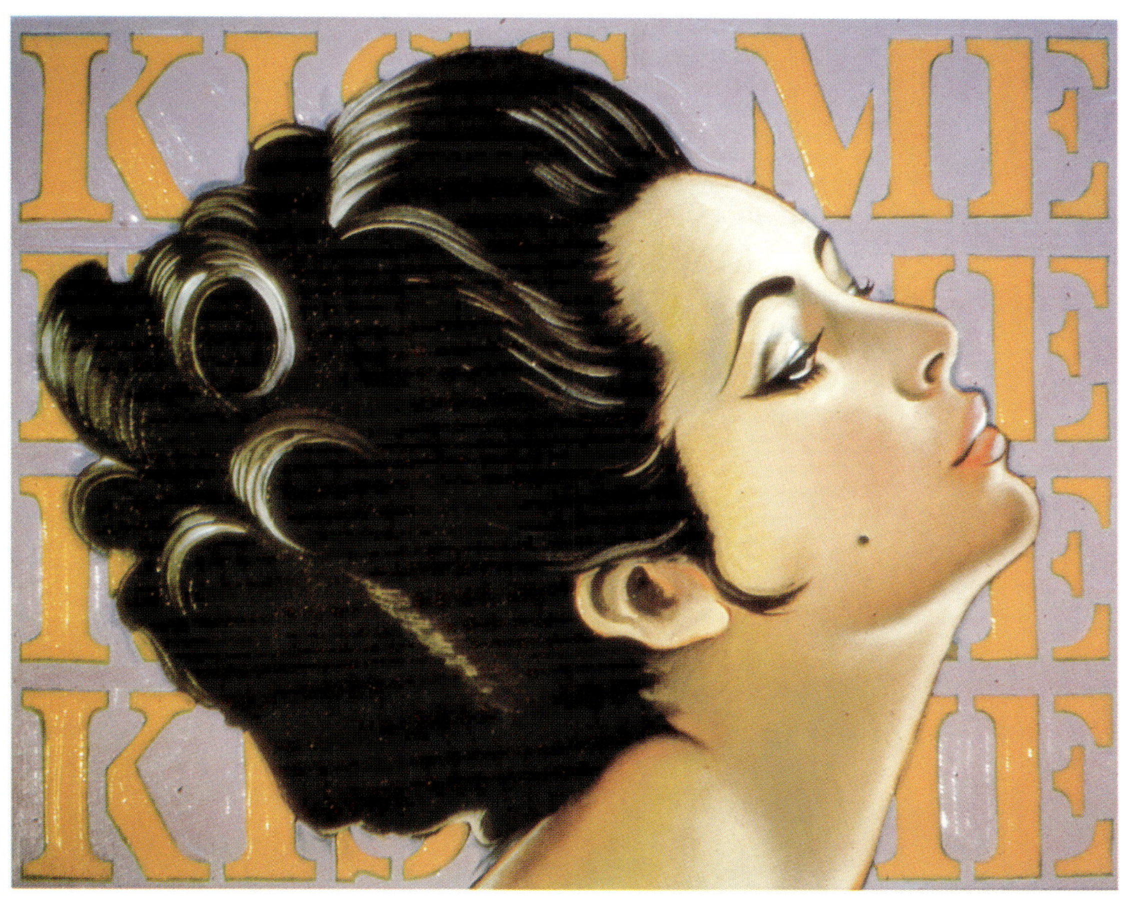

<table>
<tr>
<td></td>
<td></td>
<td></td>
<td></td>
<td></td>
</tr>
</table>

Spicey, 1964	**Kiss Me**, 1965	**Valvoleena**, 1965	**Candy**, 1965
Oil on canvas 35.5 x 30.4 cm	Oil on canvas 35.5 x 40.6 cm	Oil on canvas 152.4 x 127 cm	Oil on canvas 177.8 x 152.4 cm
Öl auf Leinwand 35,5 x 30,4 cm	Öl auf Leinwand 35,5 x 40,6 cm	Öl auf Leinwand 152,4 x 127 cm	Öl auf Leinwand 177,8 x 152,4 cm
Huile sur toile 35,5 x 30,4 cm	Huile sur toile 35,5 x 40,6 cm	Huile sur toile 152,4 x 127 cm	Huile sur toile 177,8 x 152,4 cm

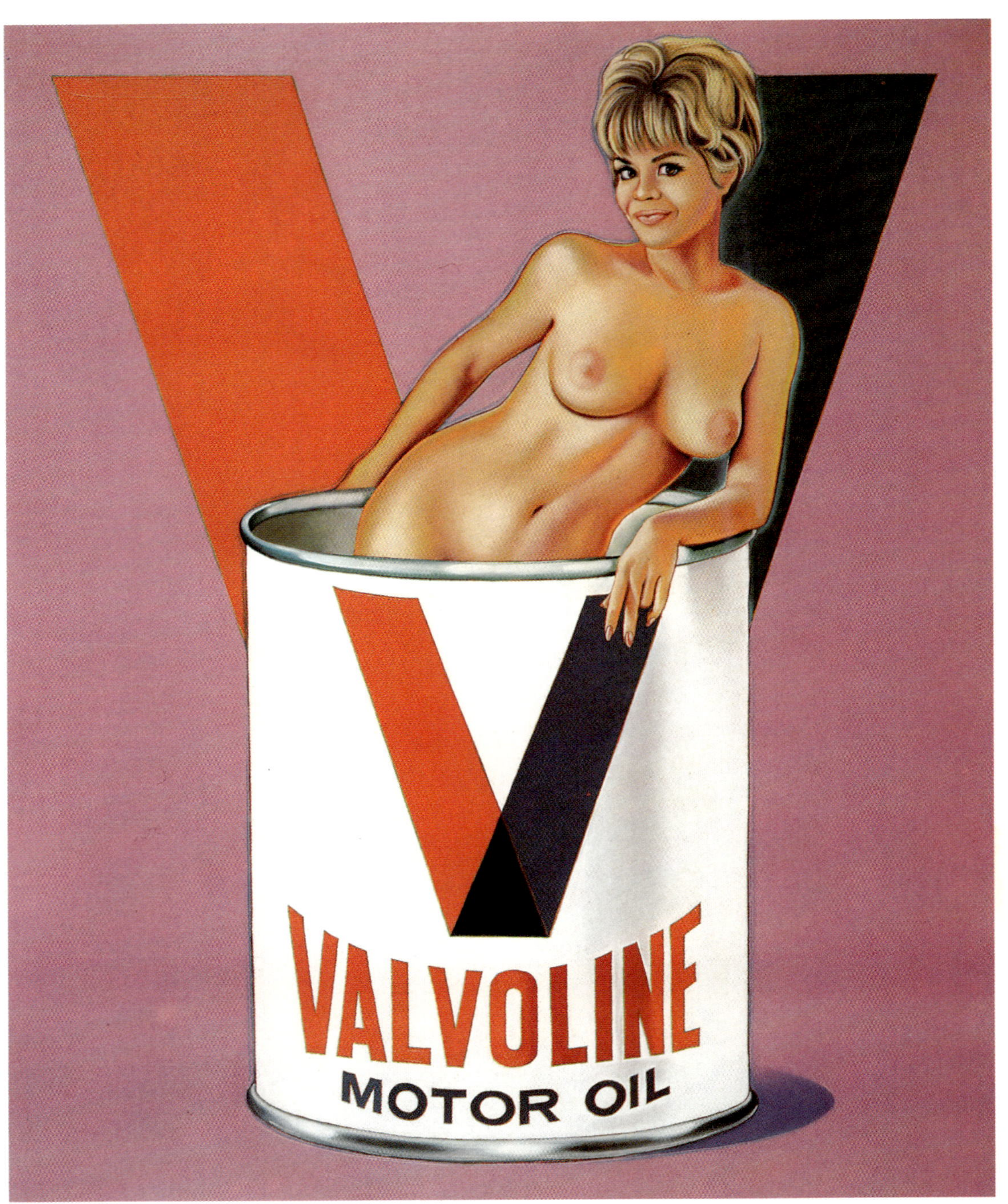

VALVOLINE
MOTOR OIL

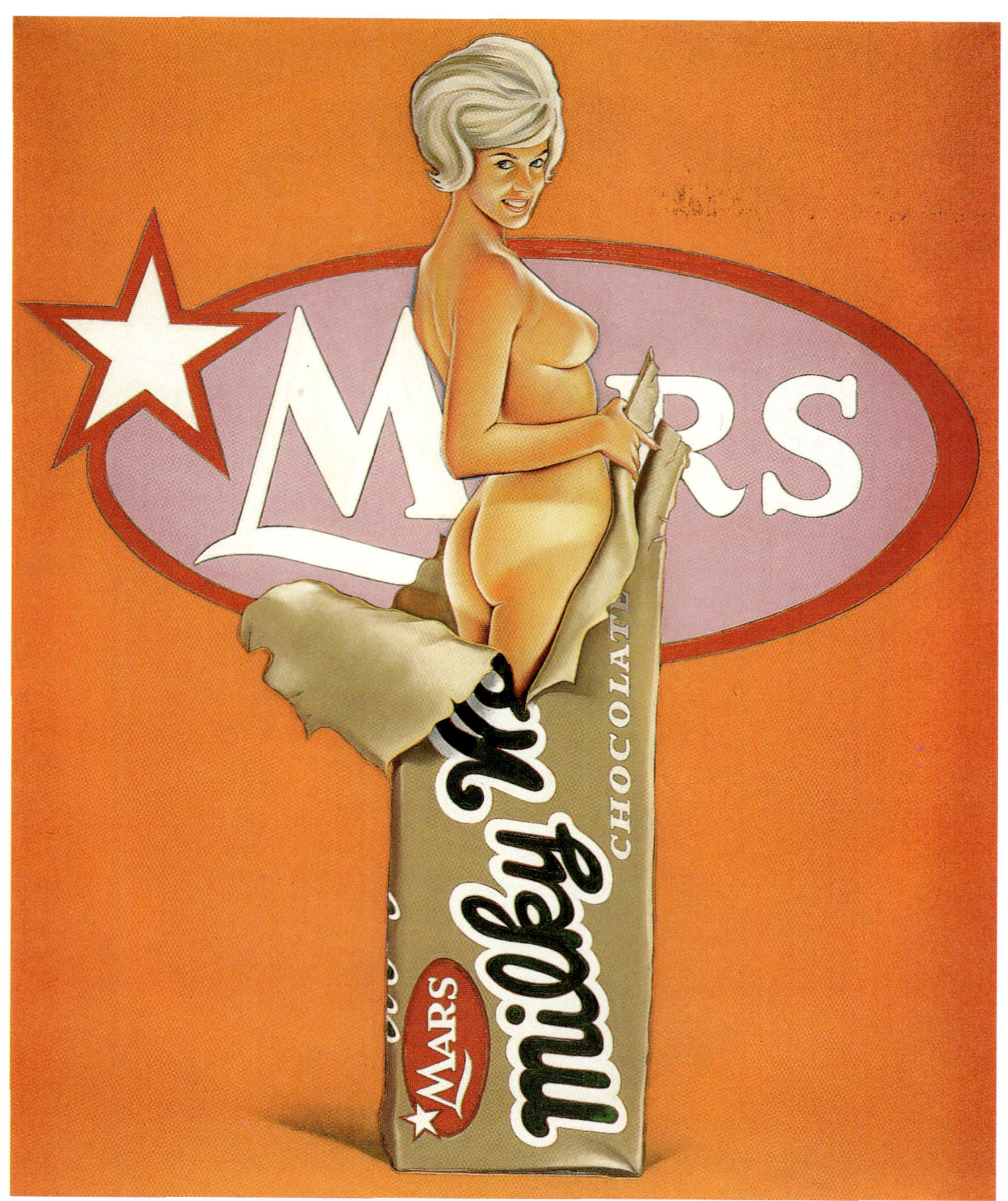
MARS
CHOCOLATE
MARS
milky

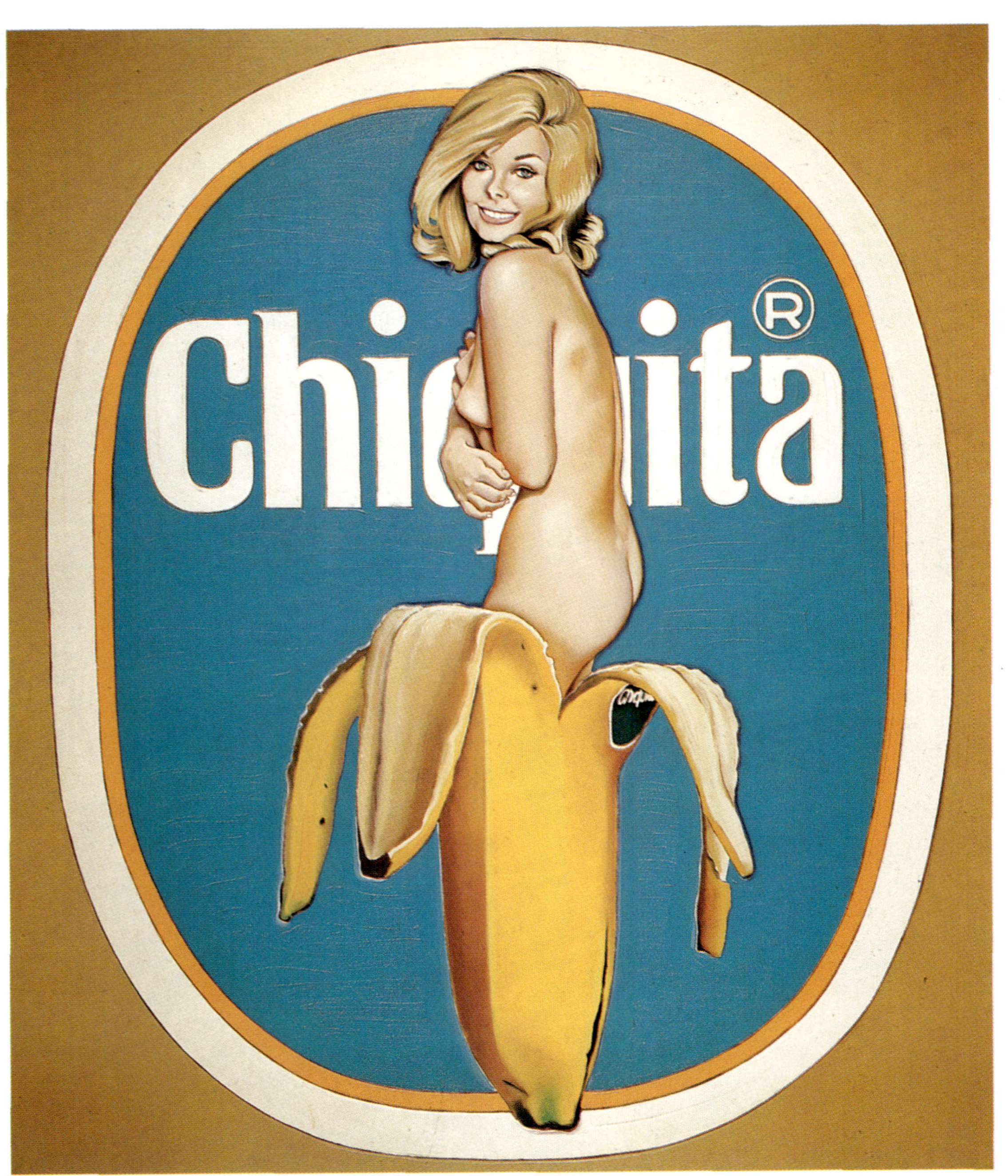

Chiquita®

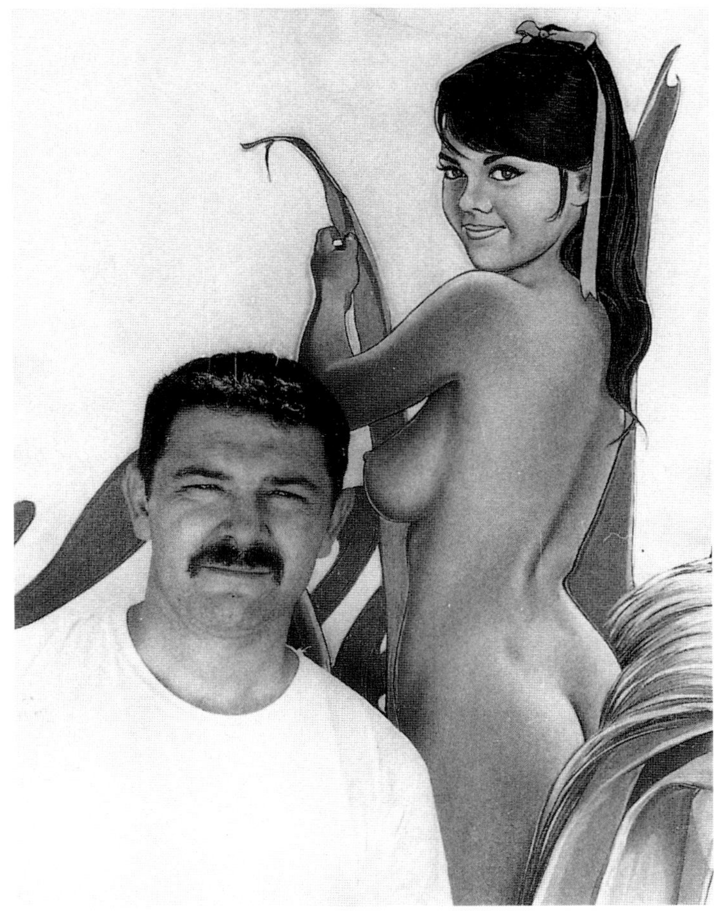

Chiquita, 1964

Oil on canvas
177.8 x 152.4 cm

Öl auf Leinwand
177,8 x 152,4 cm

Huile sur toile
177,8 x 152,4 cm

Mel Ramos
Sacramento, California, 1964
Photo: Leta Ramos

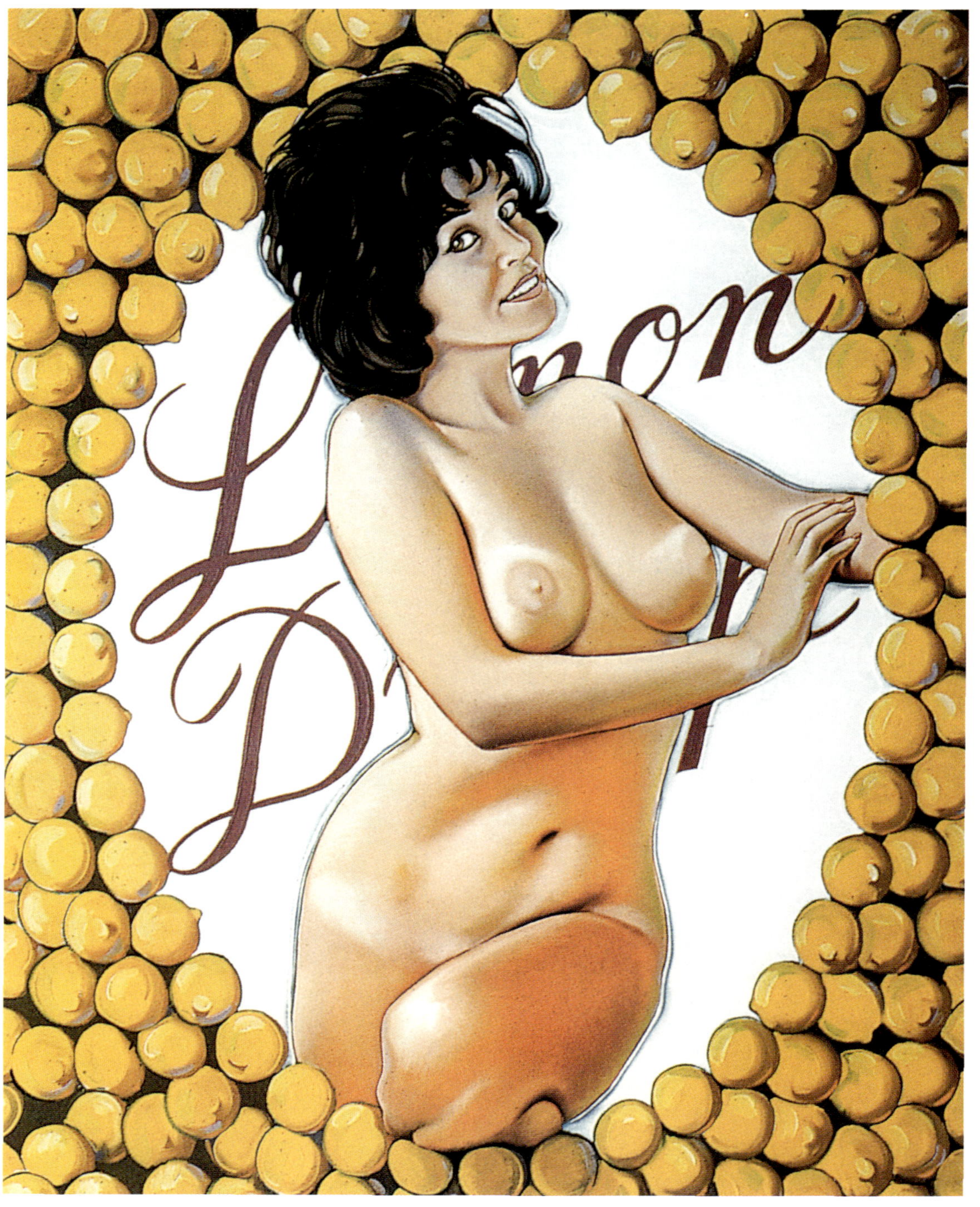

Lemon

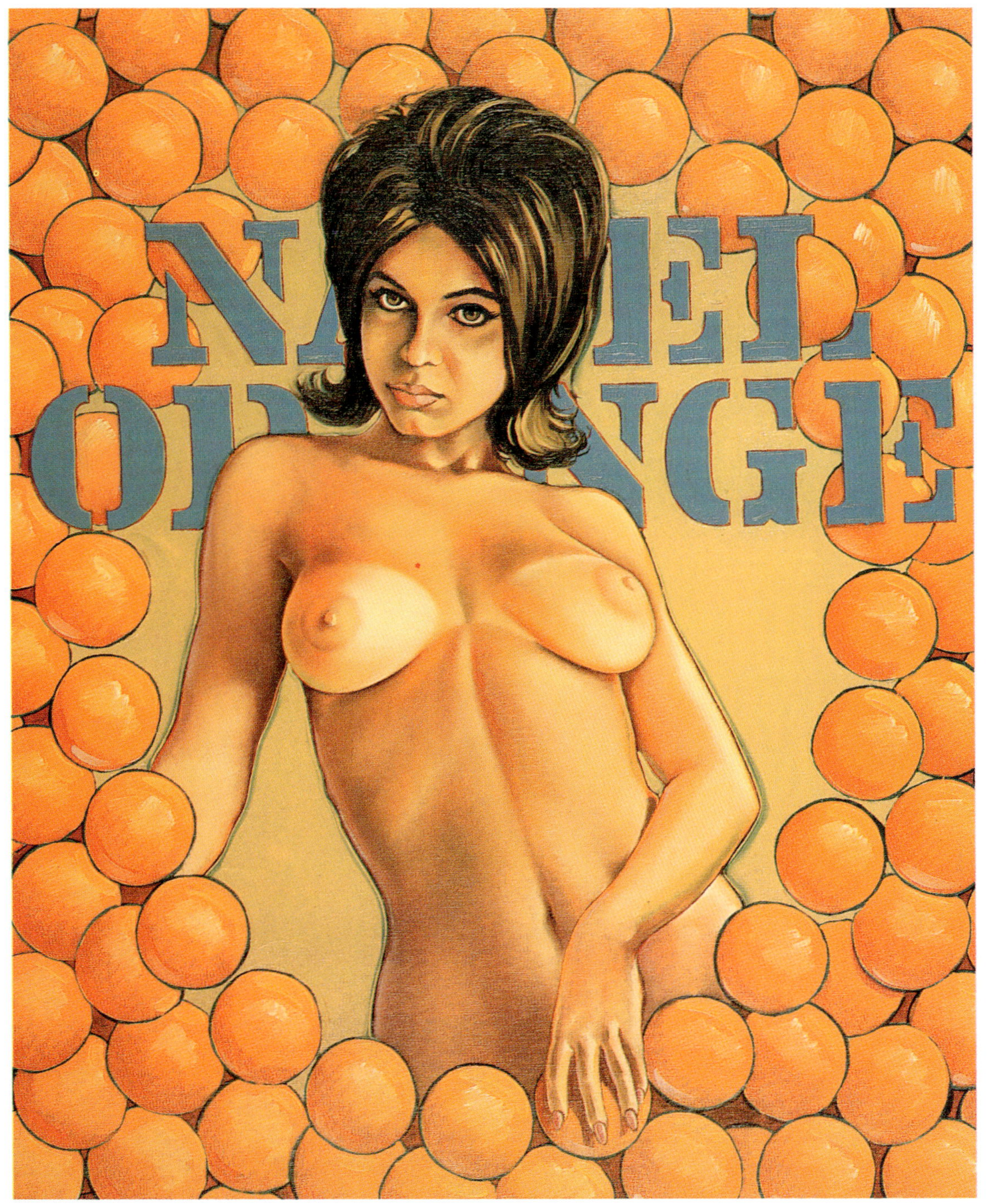

NAVEL
ORANGE

"Central to the vitality of an artist is his dilemma;
   every artist has one. Maintaining one's identity – both
   esthetic and personal – while providing insights about
   art and life is the heart of this dilemma."

»Der wichtigste Faktor für die Vitalität eines Künstlers,
   ist sein Dilemma; jeder Künstler hat ein Dilemma. Die
   Notwendigkeit, die eigene Identität zu wahren – sowohl im ästhetischen wie im persönlichen Sinne – und
   dabei Einsichten über Kunst und Leben zu vermitteln,
   das ist der Kern dieses Dilemmas.«

«Le facteur le plus important pour la vitalité d'un artiste
   est le dilemme auquel il doit indéniablement faire face:
   préserver sa propre identité – tant sur le plan esthétique que personnel – et communiquer les découvertes
   sur l'art et la vie.»

Page/Seite/
Page 58

Miss Lemon Drop
1964

Oil on canvas
101.6 x 91.4 cm

Öl auf Leinwand
101,6 x 91,4 cm

Huile sur toile
101,6 x 91,4 cm

Page/Seite/
Page 59

Miss Navel Orange
1964

Oil on canvas
101.6 x 91.5 cm

Öl auf Leinwand
101,6 x 91,5 cm

Huile sur toile
101,6 x 91,5 cm

Blue Coat, 1966

Oil on canvas
122 x 101.6 cm

Öl auf Leinwand
122 x 101,6 cm

Huile sur toile
122 x 101,6 cm

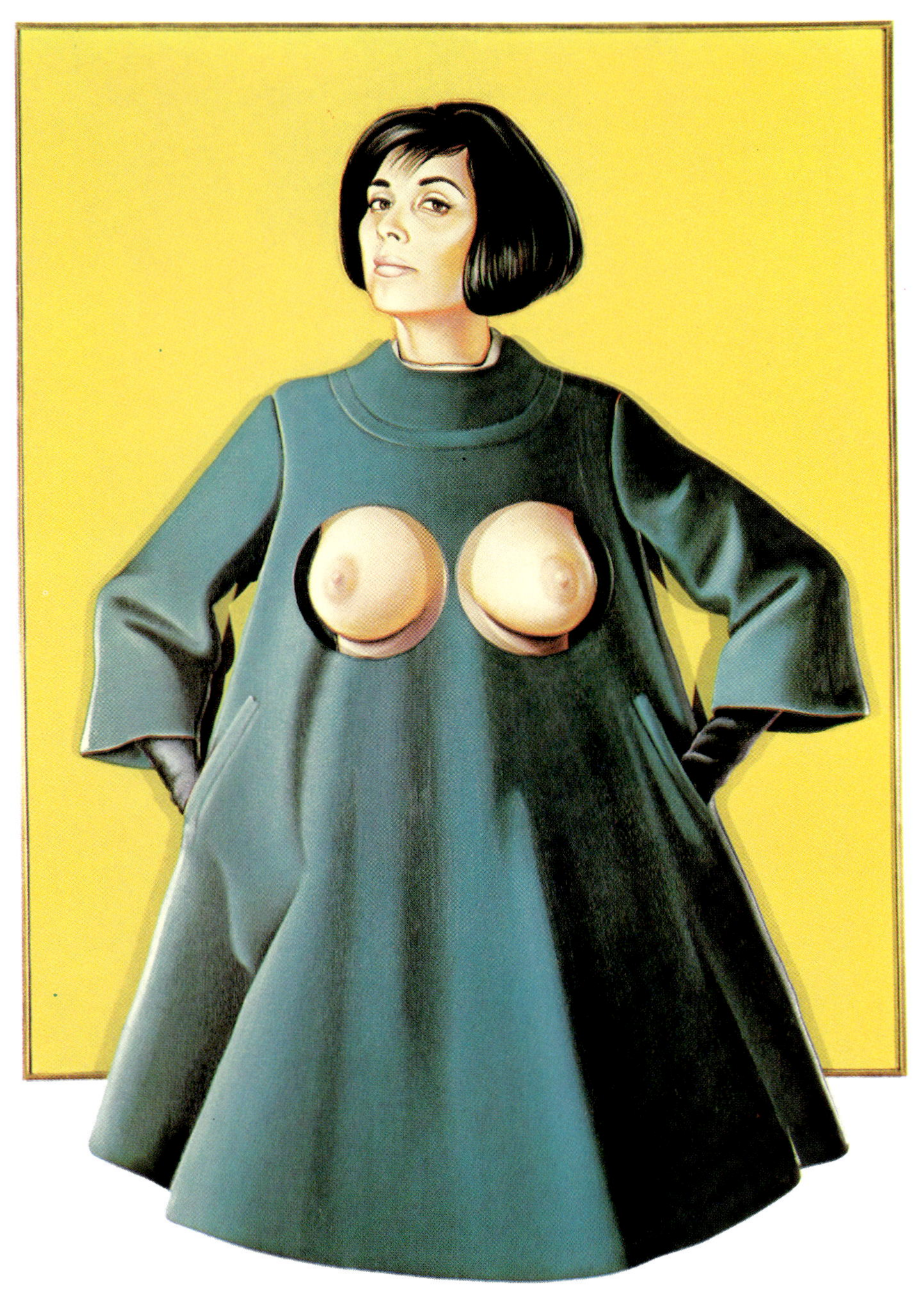

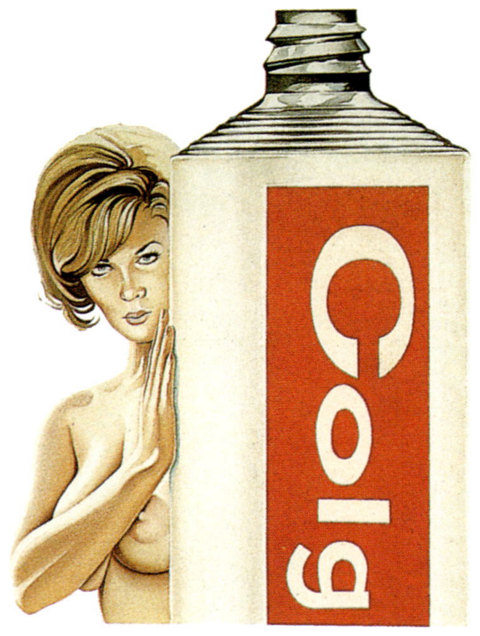

Gardol Gertie, 1978

Watercolor
45.7 x 40.6 cm

Aquarell
45,7 x 40,6 cm

Aquarelle
45,7 x 40,6 cm

The Pause that Refreshes
1967

Oil on canvas
101.6 x 101.6 cm

Öl auf Leinwand
101,6 x 101,6 cm

Huile sur toile
101,6 x 101,6 cm

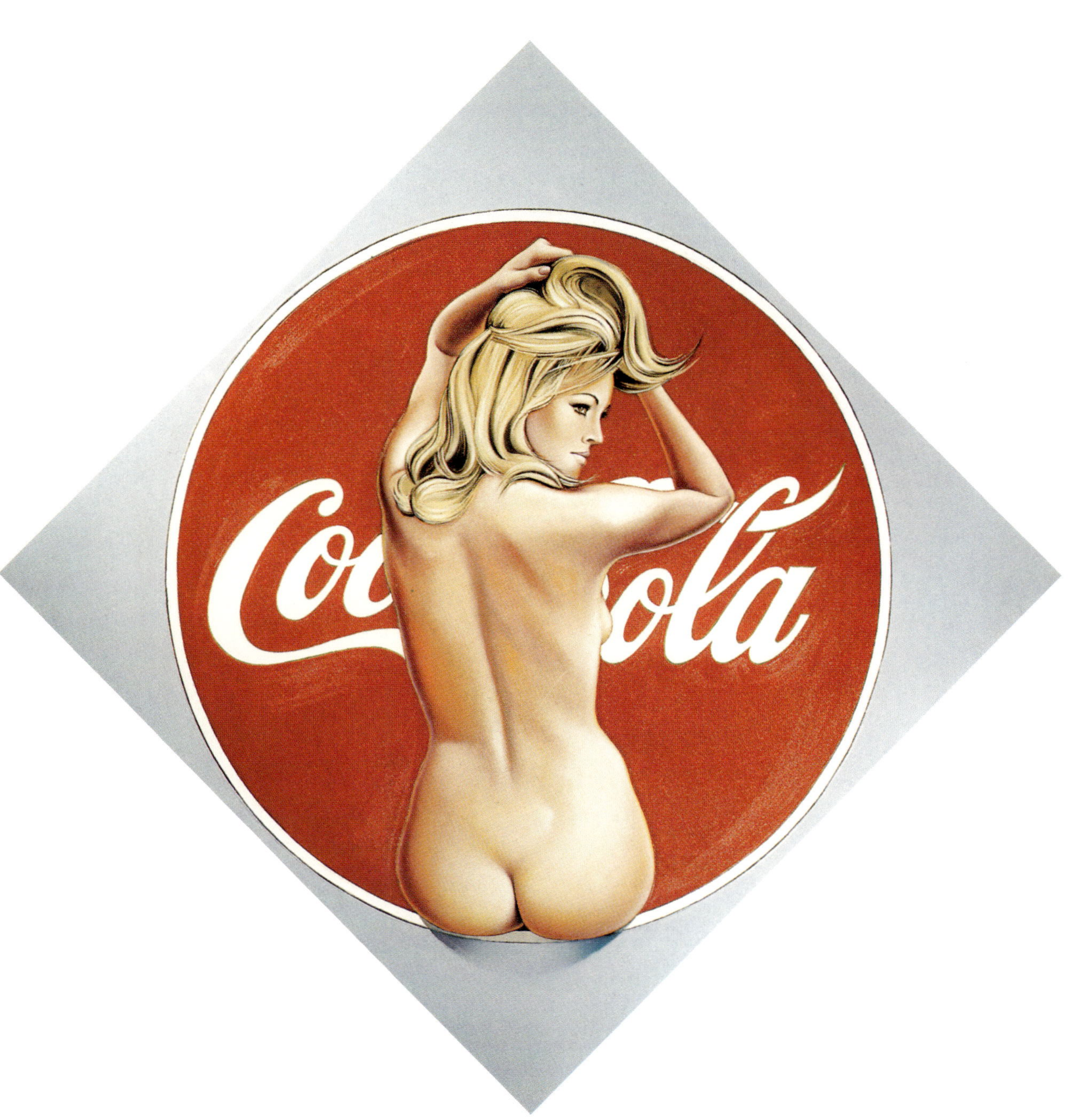

Coca-Cola

"In Cézanne's watercolors I admire his ideas; but with
Winslow Homer I admire his technical virtuosity. Con-
trol of the medium is paramount to expressing an idea.
When Marshall McLuhan told us 'the medium is the
message', as a painter, I was tremendously relieved."

»An Cézannes Aquarellen bewundere ich die Ideen; aber
an Winslow Homer bewundere ich die technische Vir-
tuosität. Die Beherrschung des Mediums hat Vorrang
vor der Idee. Als Marshall McLuhan verkündete, daß
›das Medium die Botschaft ist‹, war ich als Maler unge-
heuer erleichtert.«

«Ce que j'admire dans les aquarelles de Cézanne, ce sont
les idées; mais chez Winslow Homer, c'est sa virtuosité
technique. La maîtrise du moyen d'expression a la prio-
rité sur l'idée. Lorsque Marshall McLuhan proclama
que ‹le moyen d'expression constituait le message›,
le peintre en moi fut extrêmement soulagé.»

Gorilla, 1967

Oil on canvas
152.4 x 132 cm

Öl auf Leinwand
152,4 x 132 cm

Huile sur toile
152,4 x 132 cm

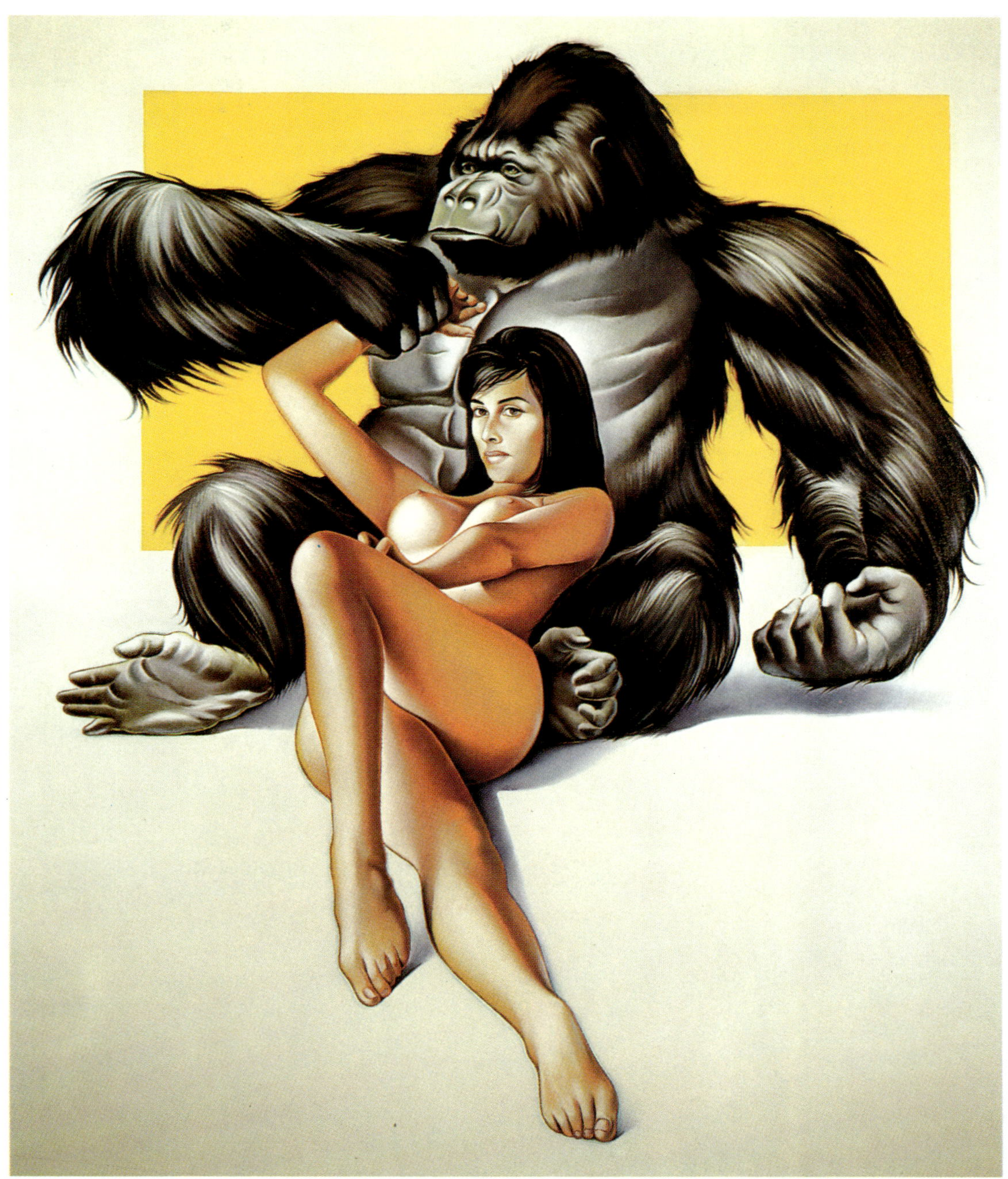

"I have a deep interest in art history and it is the over-
  whelming motivation in my work."

»Ich interessiere mich sehr für Kunstgeschichte, und sie
  ist die wichtigste Triebfeder meiner Arbeit.«

«Je m'intéresse beaucoup à l'histoire de l'art qui consti-
  tue le véritable mobile de mon travail.»

Annie and the Auk 1969	**Leta and the Eastern King Bird** 1969
Lithograph 76.2 x 55.8 cm	Oil on canvas 152.4 x 132.1 cm
Lithographie 76,2 x 55,8 cm	Öl auf Leinwand 152,4 x 132,1 cm
Lithographie 76,2 x 55,8 cm	Huile sur toile 152,4 x 132,1 cm
Leta and the Hill Myna 1969	**Leta and the White Pelican** 1969
Oil on canvas 152.4 x 132.1 cm	Oil on canvas 152.4 x 132.1 cm
Öl auf Leinwand 152,4 x 132,1 cm	Öl auf Leinwand 152,4 x 132,1 cm
Huile sur toile 152,4 x 132,1 cm	Huile sur toile 152,4 x 132,1 cm

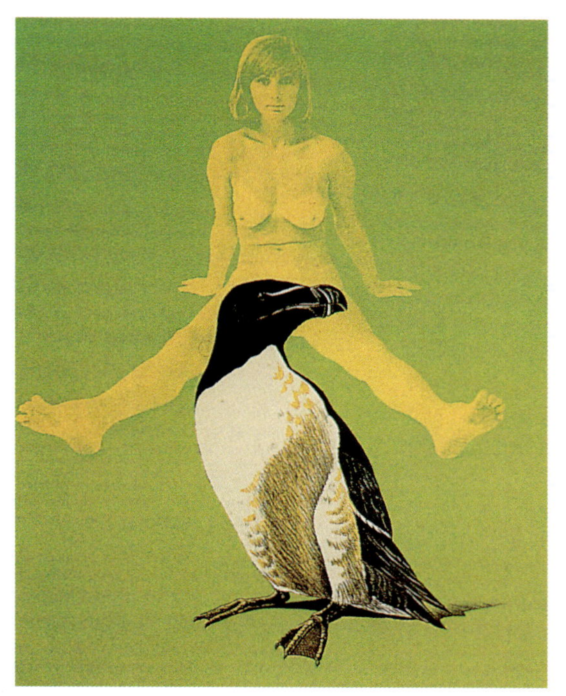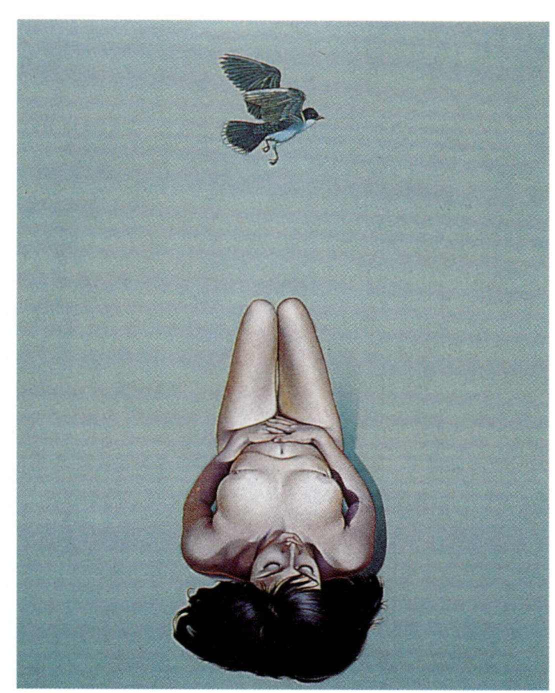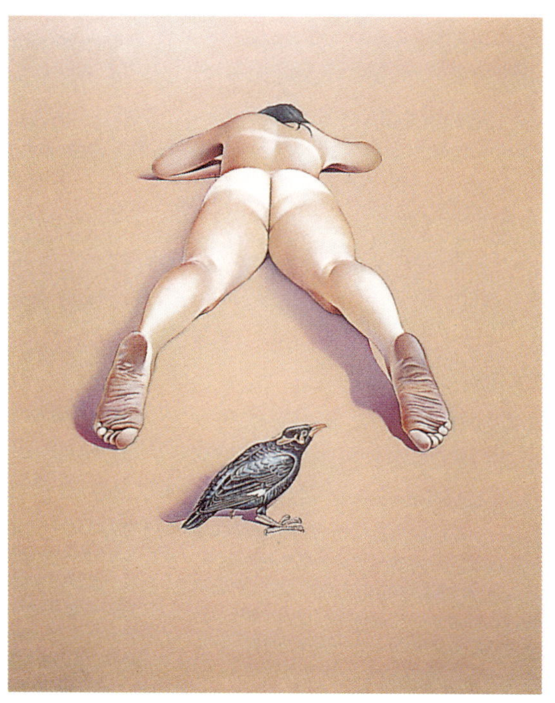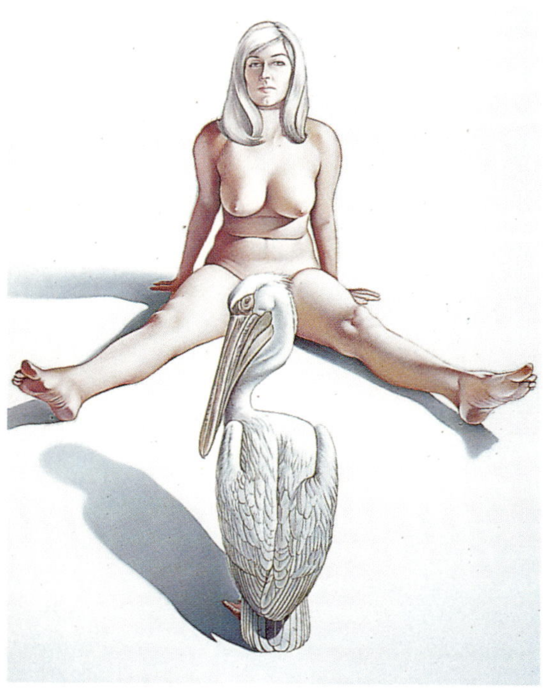

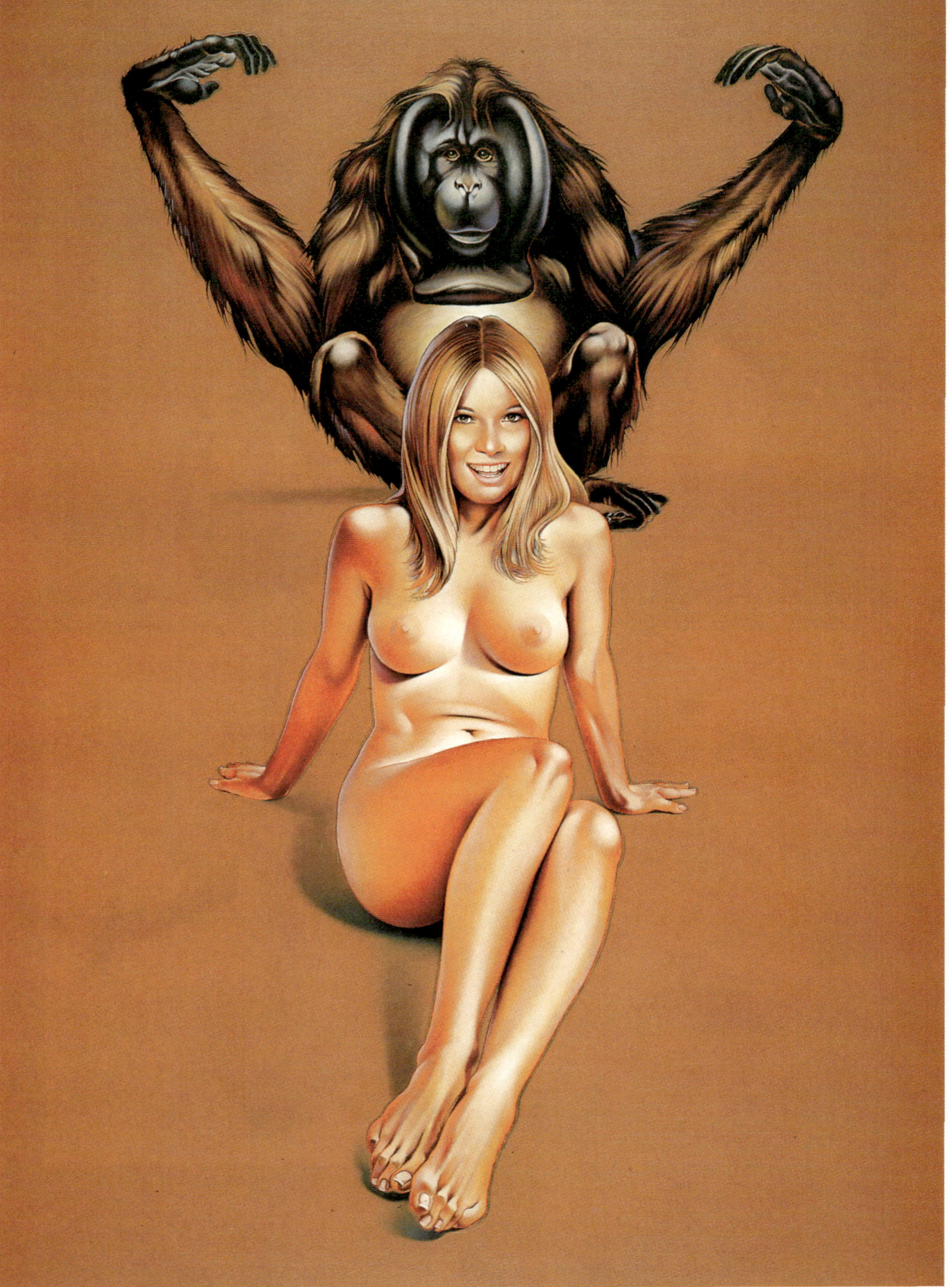

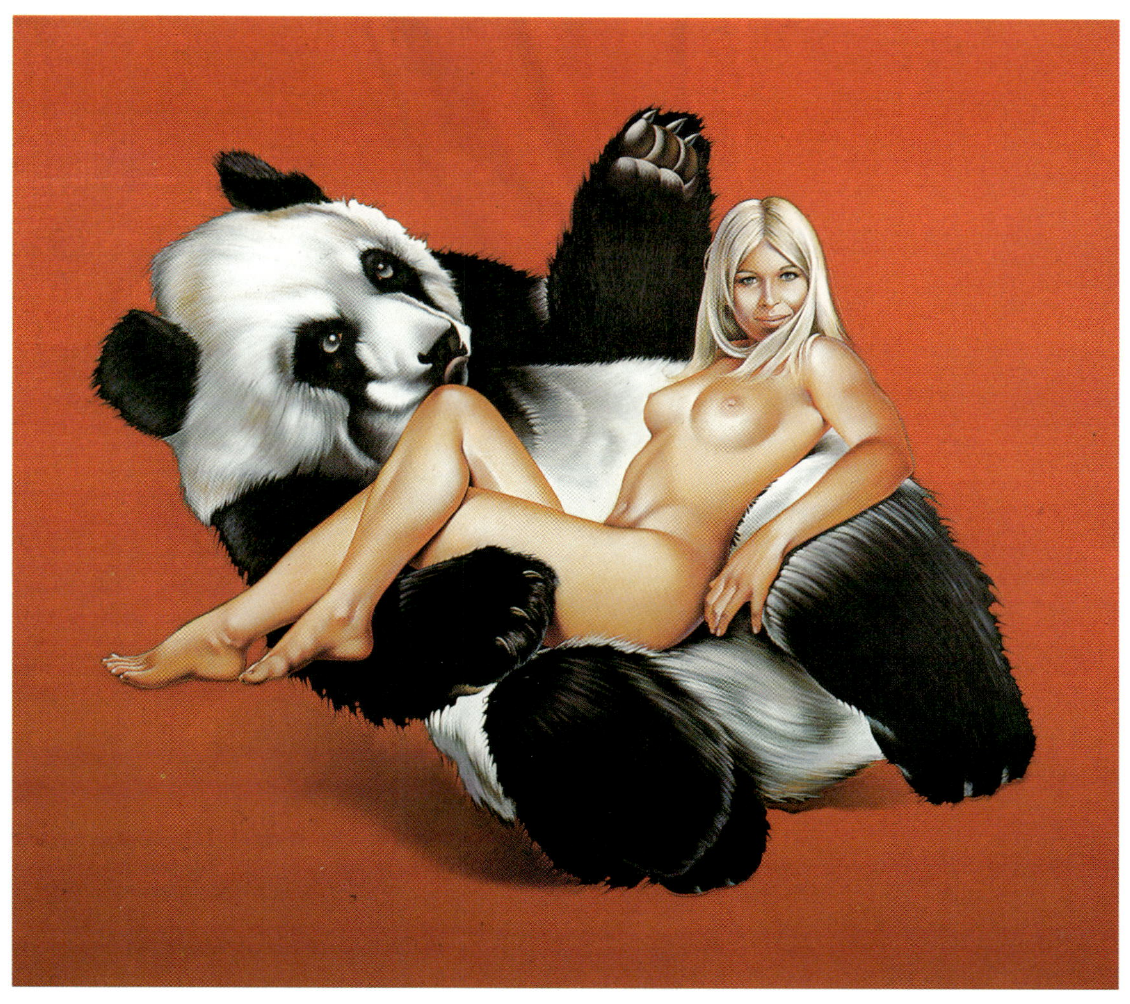

Giant Panda, 1970

Oil on canvas
132 x 152.4 cm

Öl auf Leinwand
132 x 152,4 cm

Huile sur toile
132 x 152,4 cm

Orang Utan, 1971

Oil on canvas
177.8 x 127 cm

Öl auf Leinwand
177,8 x 127 cm

Huile sur toile
177,8 x 127 cm

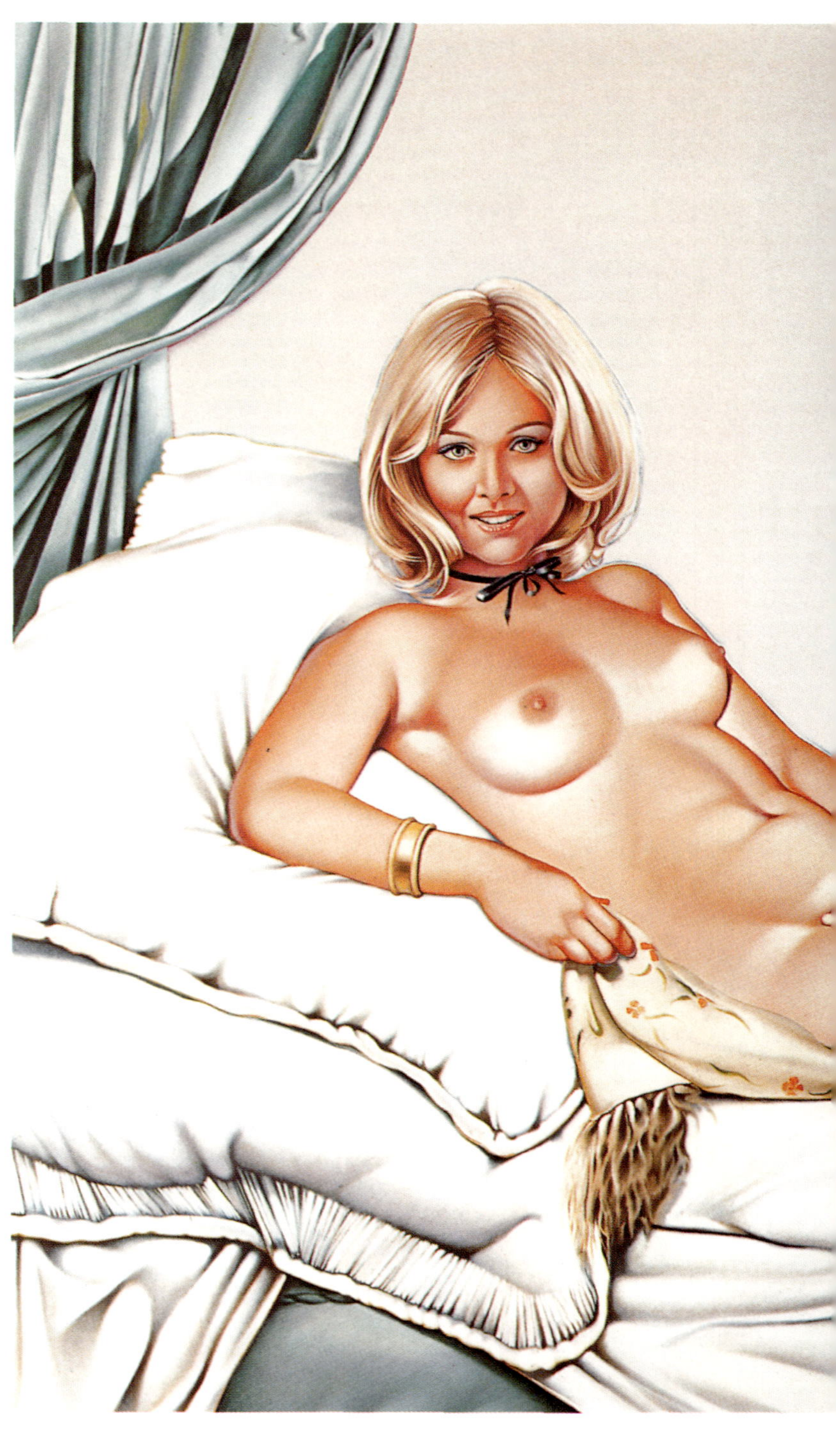

Manet's Olympia, 1973

Oil on canvas
121.9 x 177.8 cm

Öl auf Leinwand
121,9 x 177,8 cm

Huile sur toile
121,9 x 177,8 cm

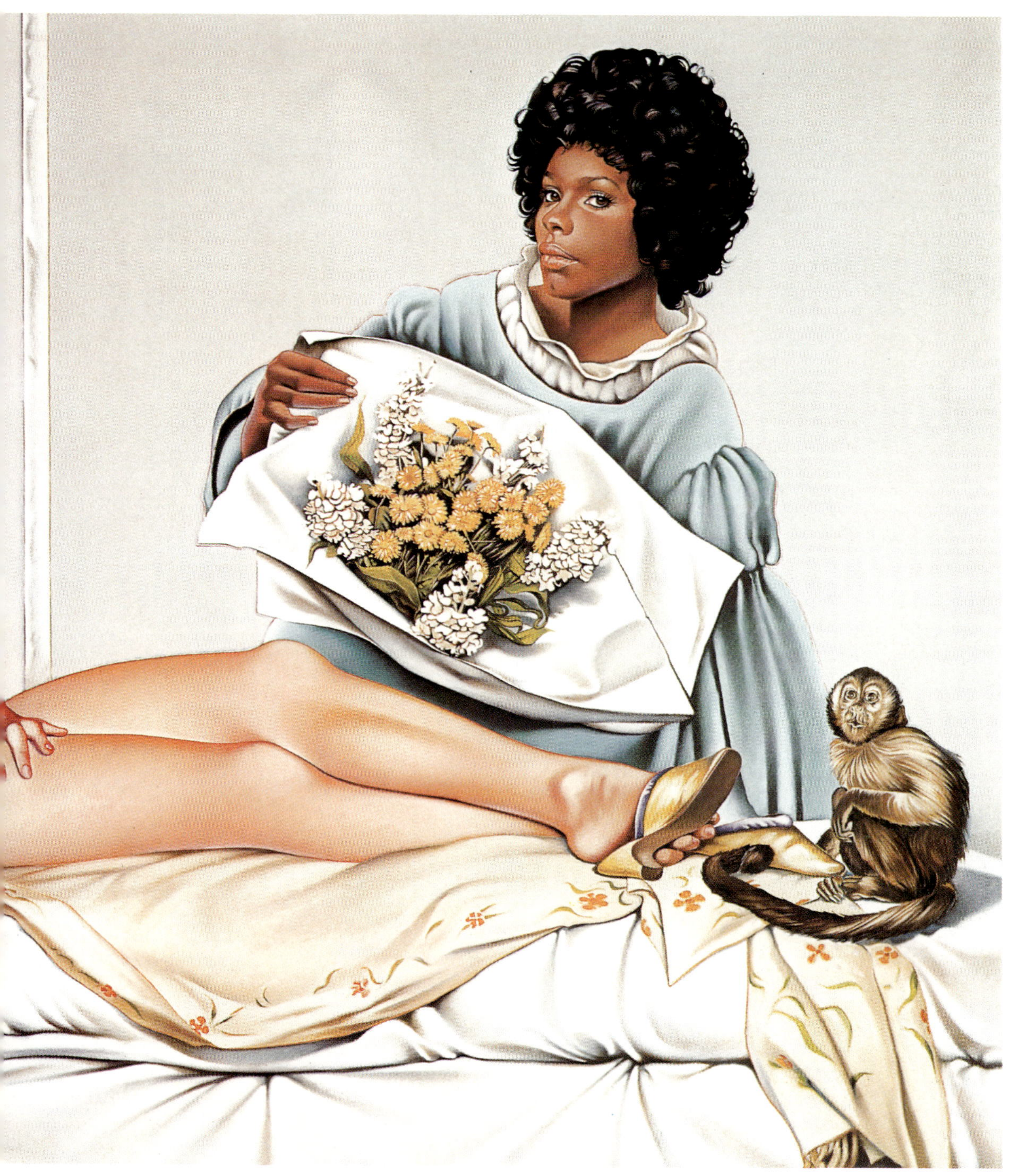

"The human figure is very difficult to paint well. It has
nothing to do with how gifted the painter is, but because thousands of years of antecedents have created a
stigma of familiarity. As a virulent and fertile arena in
which to work, the figure offered few unconventional
possibilities and in the course of art history it has been
castrated by this familiarity. What I have been doing is
trying to give it back some balls."

»Es ist sehr schwierig, den Menschenkörper gut darzu-
stellen. Das hat nichts damit zu tun, wie talentiert ein
Maler ist, sondern es hängt damit zusammen, daß
durch die jahrtausendelange Tradition ein Stigma der
Vertrautheit entstanden ist. Der menschliche Körper ist
ein potentes und fruchtbares Arbeitsfeld, aber es gibt
nur wenige Möglichkeiten, ihn unkonventionell darzu-
stellen, und im Laufe der Kunstgeschichte ist ihm seine
Vertrautheit zum Fluch geworden. Was ich versucht
habe, ist, diese Kastration rückgängig zu machen.«

«Il est très difficile de représenter convenablement le
corps humain. Cela n'a rien à voir avec le talent du
peintre mais est lié à une tradition vieille de plusieurs
siècles qui stigmatise la connaissance qu'on a de lui.
Le corps humain est un champ viril et fécond. Il existe
peu de possibilités de le représenter d'une façon non
conventionnelle et au cours de l'histoire, cette connaissance est devenue une malédiction. Ce que j'essaie de
faire, c'est de renverser cette castration.»

Covered Girl:
Playboy
1977

Oil on canvas
101.6 x 76.2 cm

Öl auf Leinwand
101,6 x 76,2 cm

Huile sur toile
101,6 x 76,2 cm

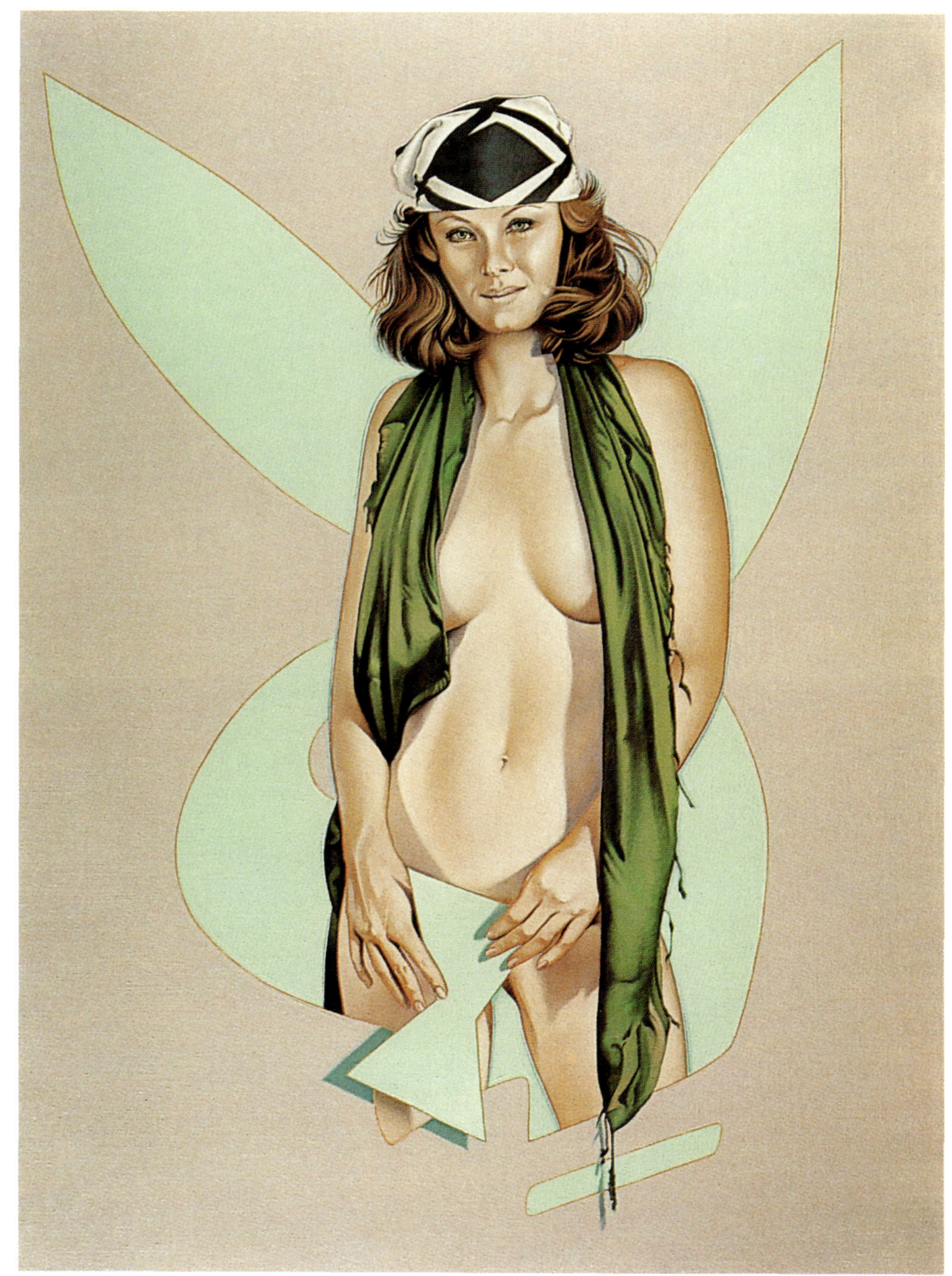

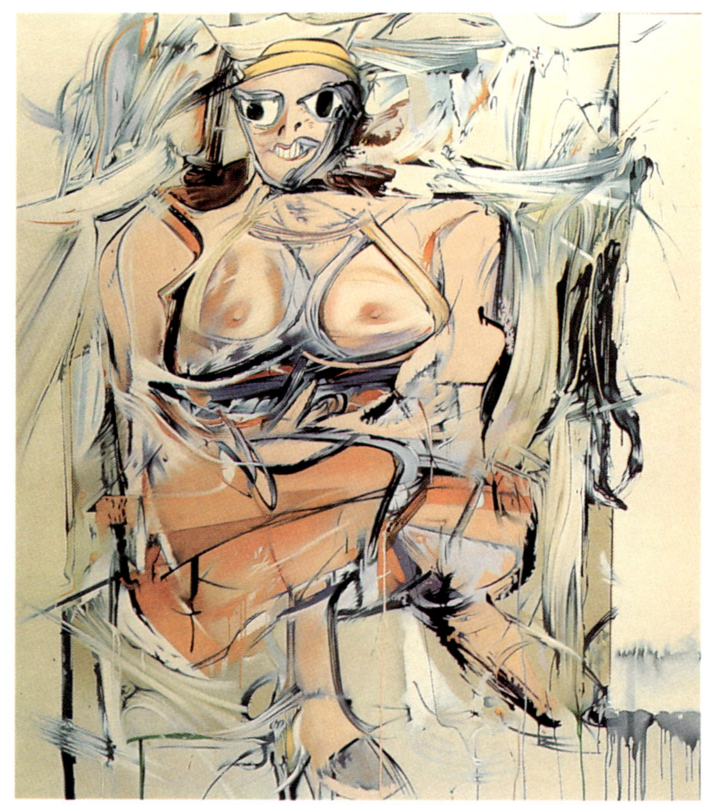

**I Still Get a Thrill
When I See Bill No. 1**
1975

Oil on canvas
203.2 x 177.8 cm

Öl auf Leinwand
203,2 x 177,8 cm

Huile sur toile
203,2 x 177,8 cm

**I Still Get a Thrill
When I See Bill No. 3**
1977

Watercolor
76.2 x 57.2 cm

Aquarell
76,2 x 57,2 cm

Aquarelle
76,2 x 57,2 cm

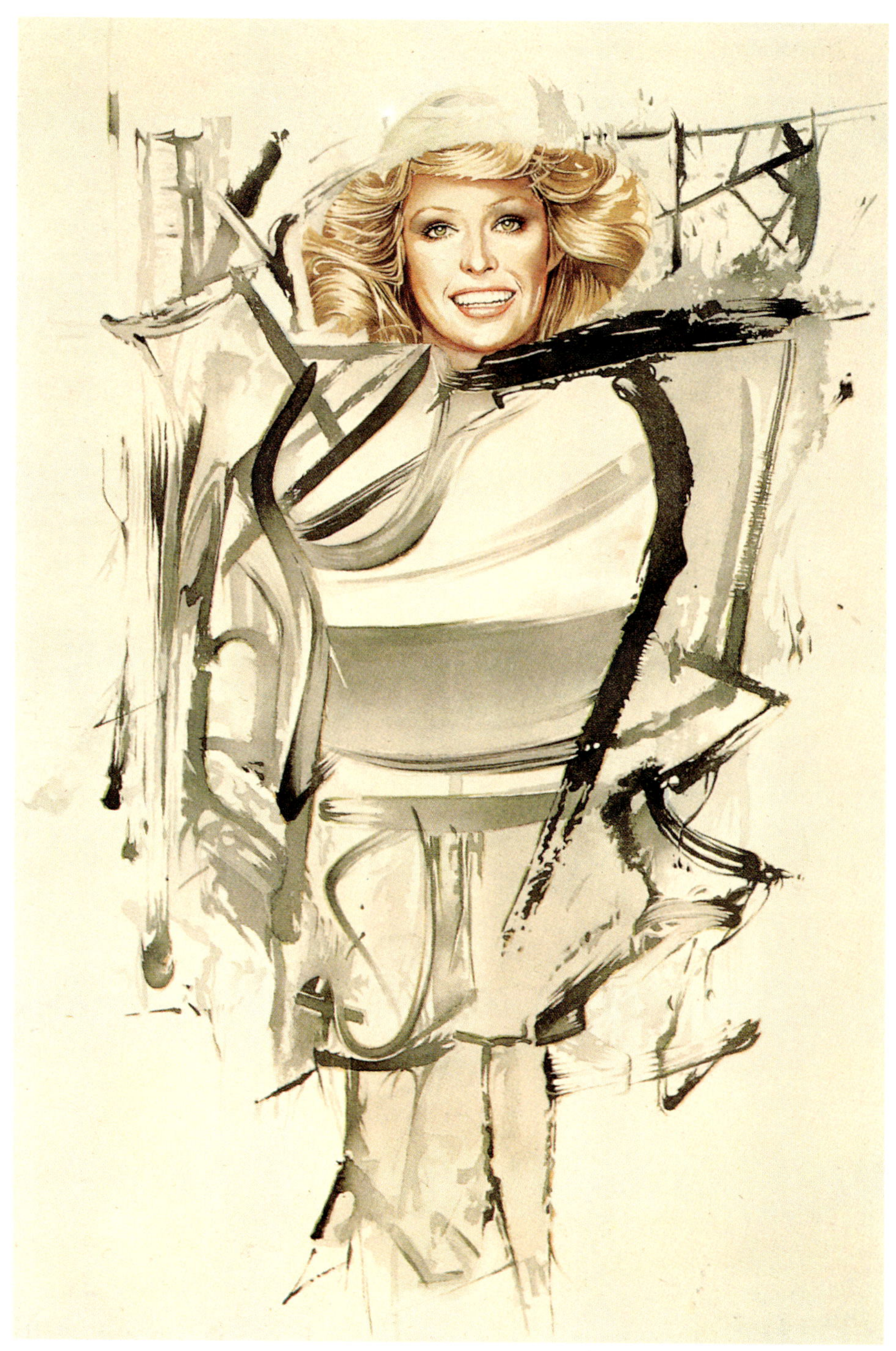

"After the 60's, we began to hear art world voices bab-
  bling that twentieth-century figure painting shows the
  loss of dignity suffered by modern human beings,
  stripped of their spiritual balance and caught up in an
  existential and bestial struggle against the forces of
  anonymity and mechanization. It was nauseating."

»Nach den sechziger Jahren gab es viel Geschwätz in
  der Kunstszene, daß die gegenständliche Malerei des
  zwanzigsten Jahrhunderts den Verlust an Würde doku-
  mentiere, den der moderne Mensch erleide, wenn er,
  seines spirituellen Gleichgewichts beraubt, in einem
  existentiellen und bestialischen Kampf gegen die
  Mächte der Anonymität und Mechanisierung gefangen
  sei. Das drehte einem den Magen um.«

«Après les années soixante, on a dit beaucoup de sor-
  nettes dans les milieux artistiques, à savoir que la peinture figurative du XXe siècle témoigne de la perte de
  dignité dont souffre l'homme moderne quand, privé de
  son équilibre spirituel, il entre en lutte contre les puis-
  sances de l'anonymat et de la mécanisation. C'était à
  vomir.»

Aqua Girl, 1978

Watercolor
35.5 x 40.6 cm

Aquarell
35,5 x 40,6 cm

Aquarelle
35,5 x 40,6 cm

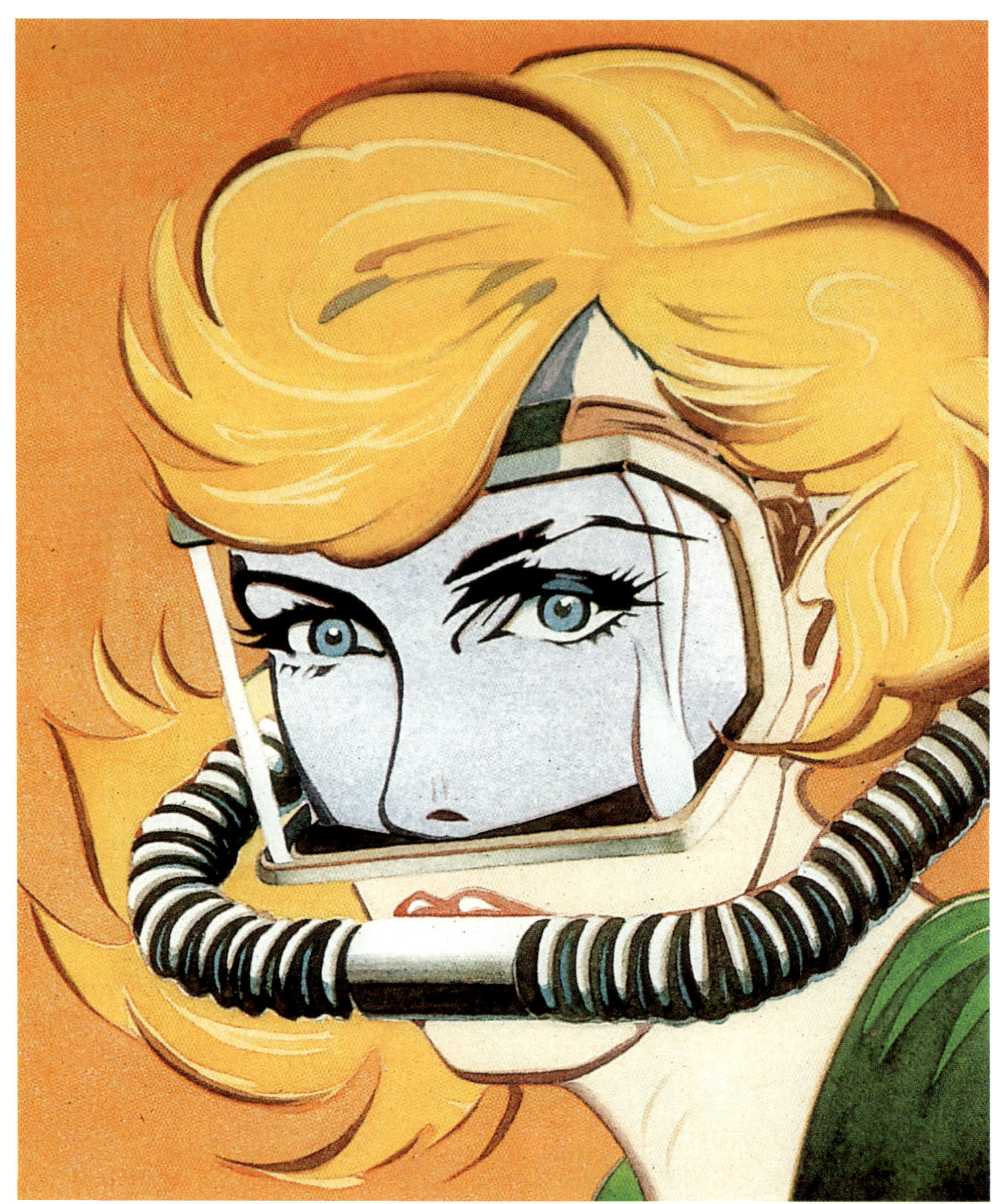

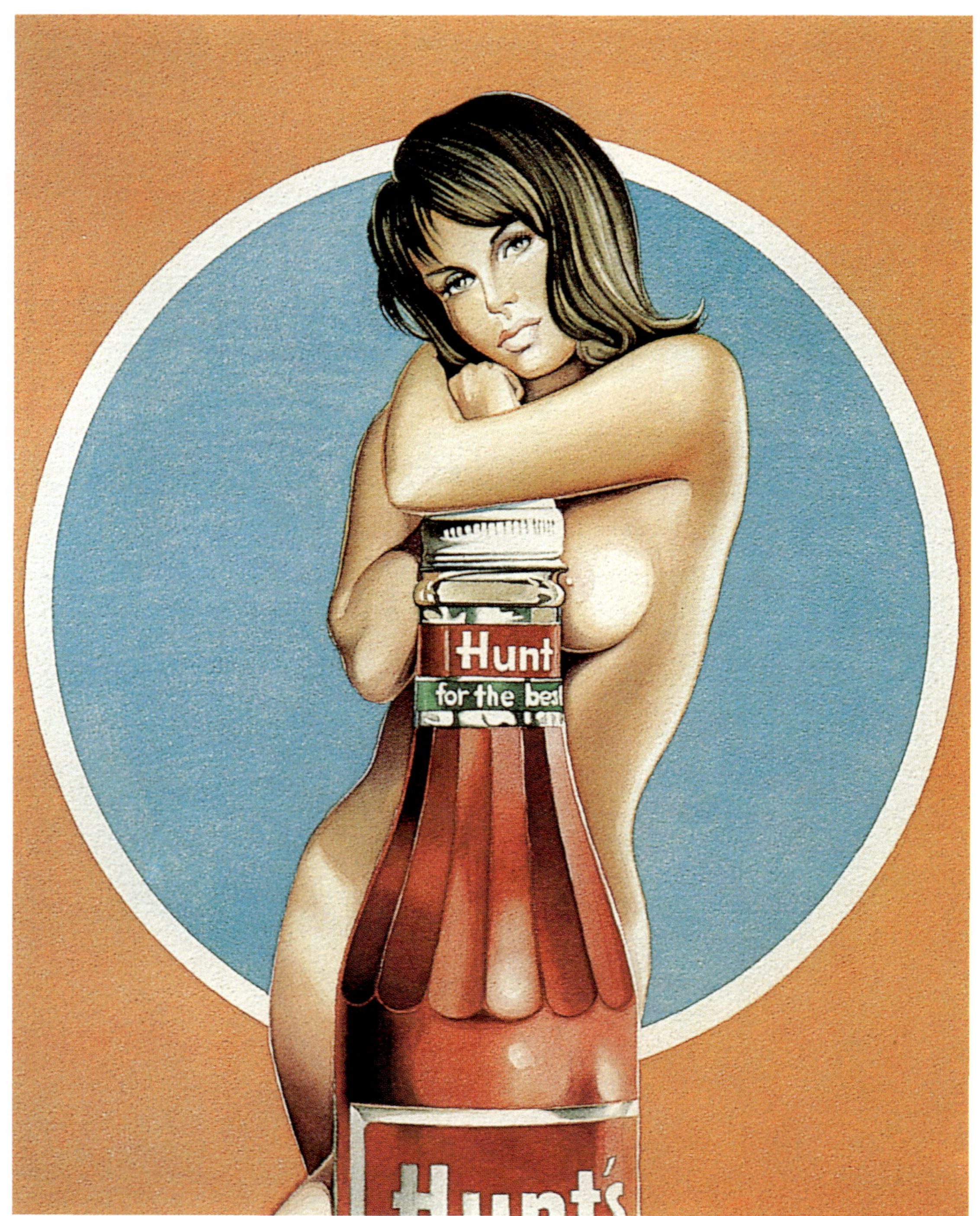

Hunt
for the best
Hunt's

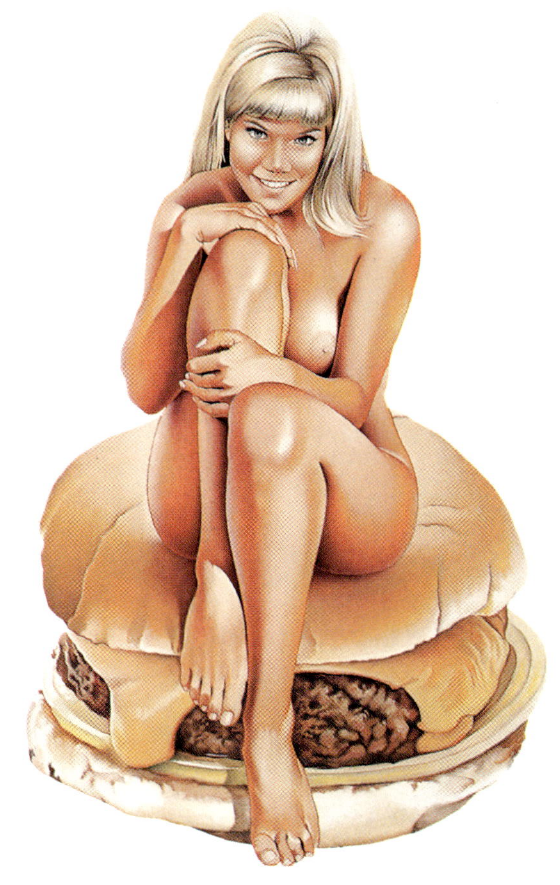

Barbiburger, 1971

Oil on canvas
152.4 x 127 cm

Öl auf Leinwand
152,4 x 127 cm

Huile sur toile
152,4 x 127 cm

Hunt for the Best, 1981

Watercolor
50.8 x 35.6 cm

Aquarell
50,8 x 35,6 cm

Aquarelle
50,8 x 35,6 cm

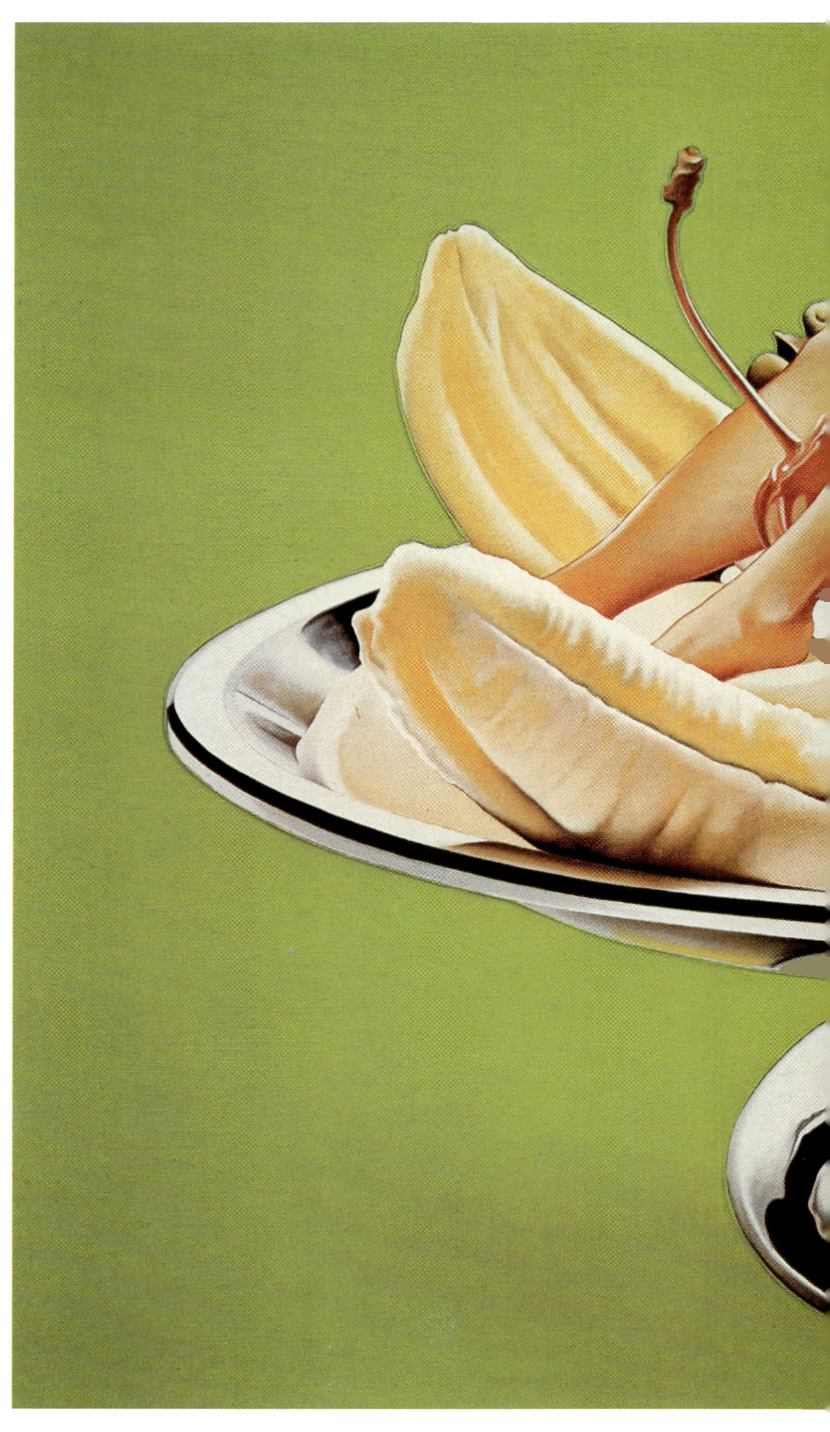

Banana Split, 1971

Oil on canvas
152.4 x 127 cm

Öl auf Leinwand
152,4 x 127 cm

Huile sur toile
152,4 x 127 cm

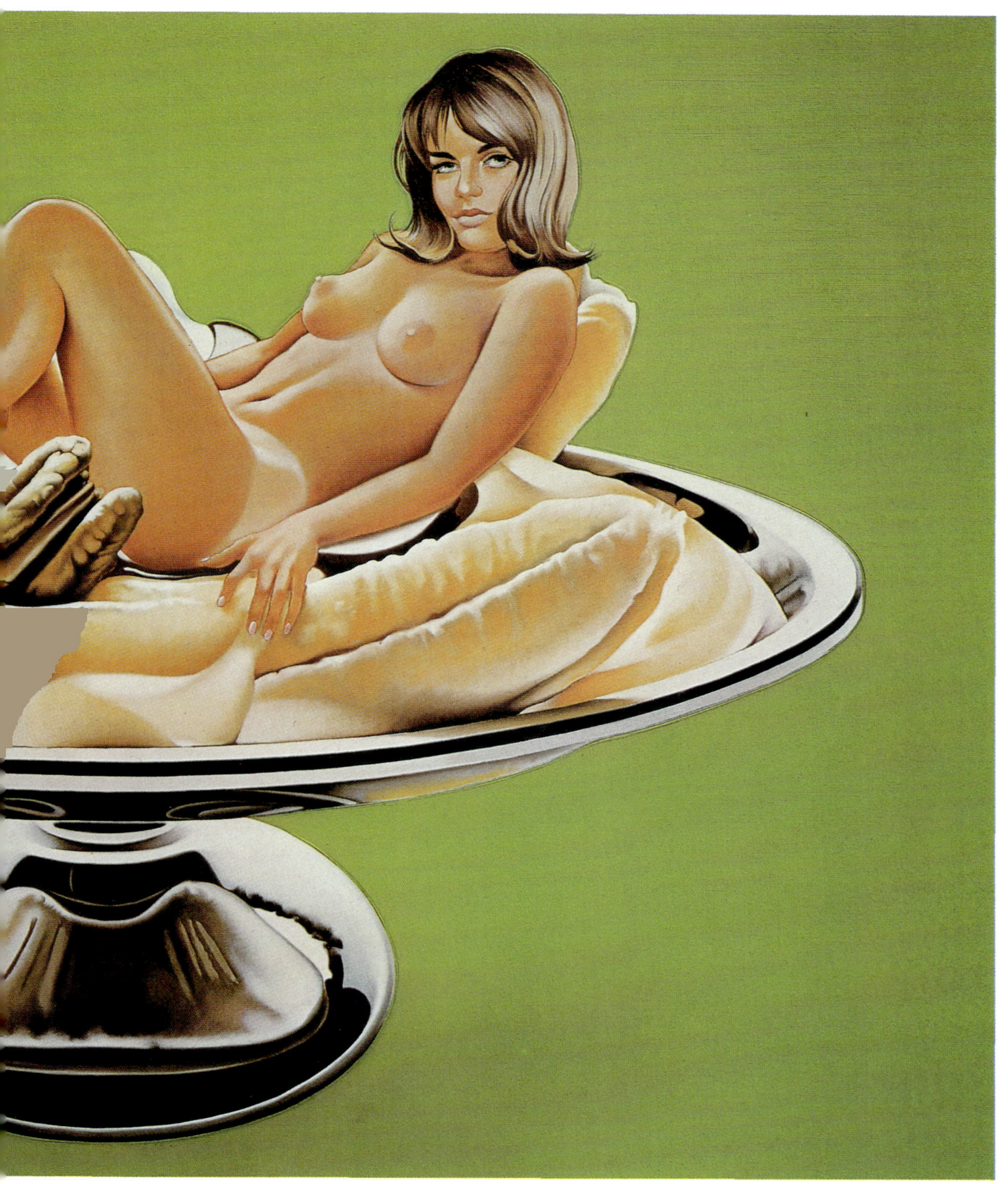

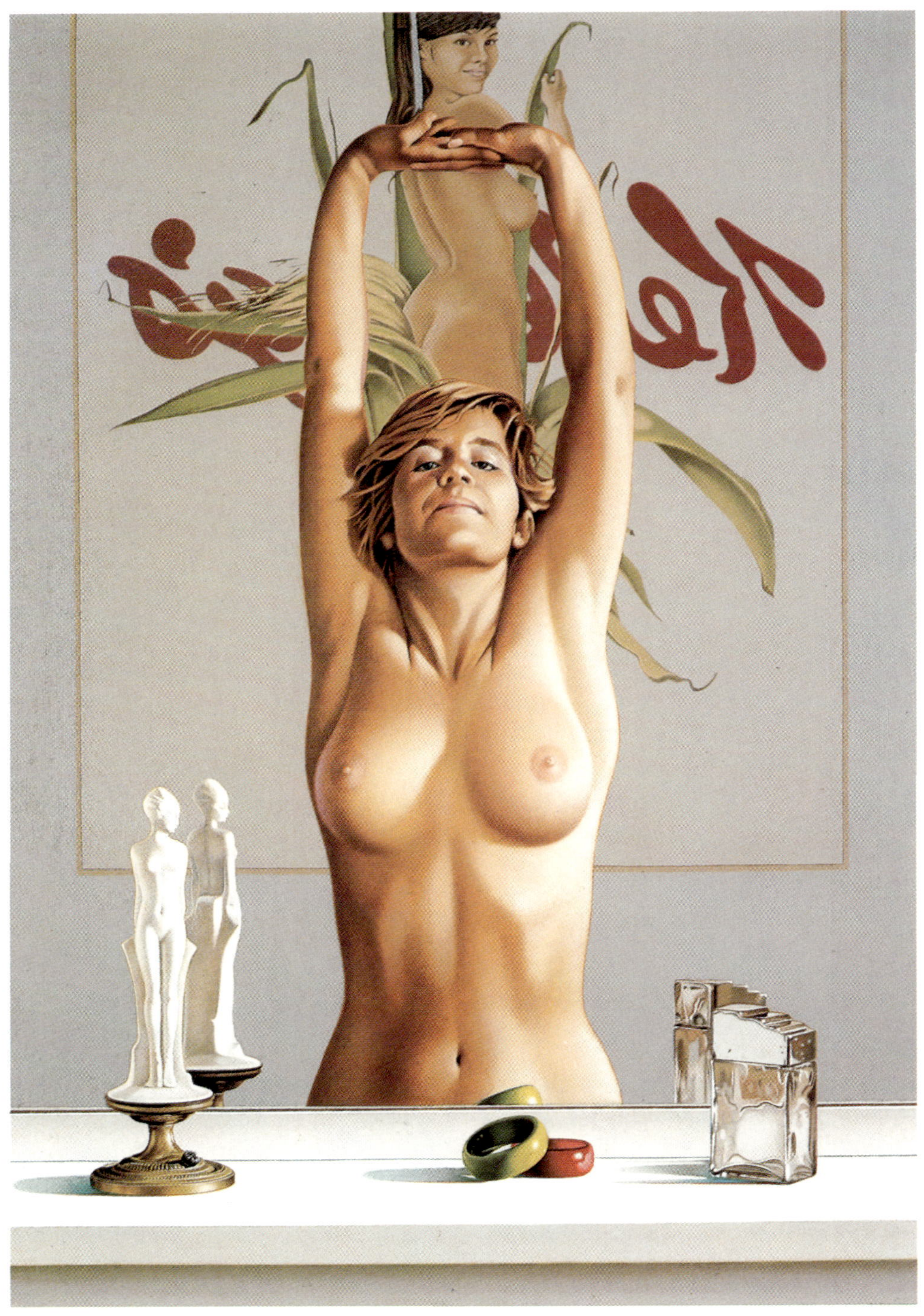

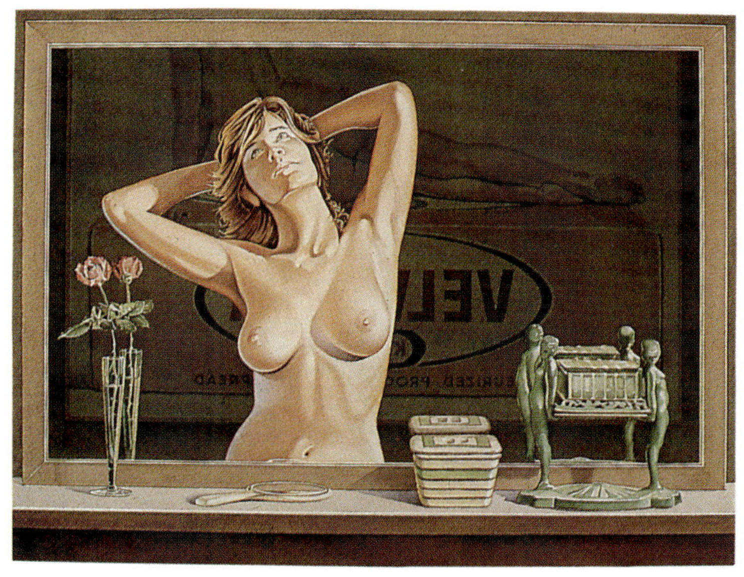

Young Girl Before a Mirror No. 2
1991

Watercolor
55.8 x 71.1 cm

Aquarell
55,8 x 71,1 cm

Aquarelle
55,8 x 71,1 cm

Young Girl Before a Mirror No. 2
1987

Oil on canvas
122 x 88.9 cm

Öl auf Leinwand
122 x 88,9 cm

Huile sur toile
122 x 88,9 cm

"When you need an idea for a painting, what's a better
source than art history. I cleaned up some old paintings. The images were the same, I just removed the art
historical patina."

»Wenn man nach Inspirationen für ein Bild sucht, dann
gibt es keine bessere Quelle als die Kunstgeschichte.
Ich habe ein paar alte Bilder gereinigt. Die Bilder sind
geblieben, aber ich habe die kunsthistorische Patina
entfernt.«

«Il n'existe pas de meilleure source que l'histoire de
l'art quand on se trouve à court d'inspiration avec un
tableau. J'ai nettoyé quelques anciens tableaux. Les
images sont restées mais la patine de l'histoire de l'art
est partie.»

The Voyeur No. 1, 1988

Watercolor
63.5 x 49.5 cm

Aquarell
63,5 x 49,5 cm

Aquarelle
63,5 x 49,5 cm

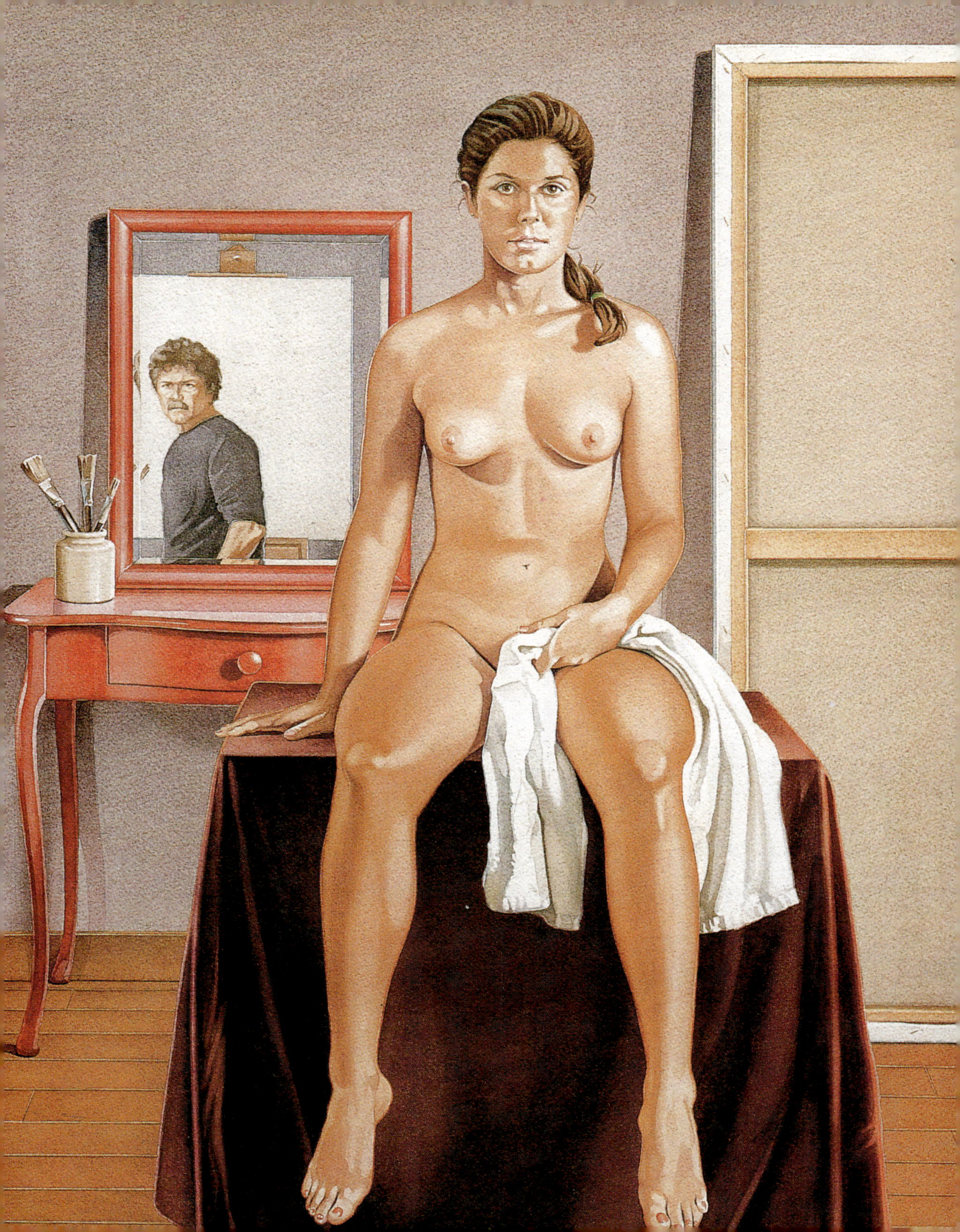

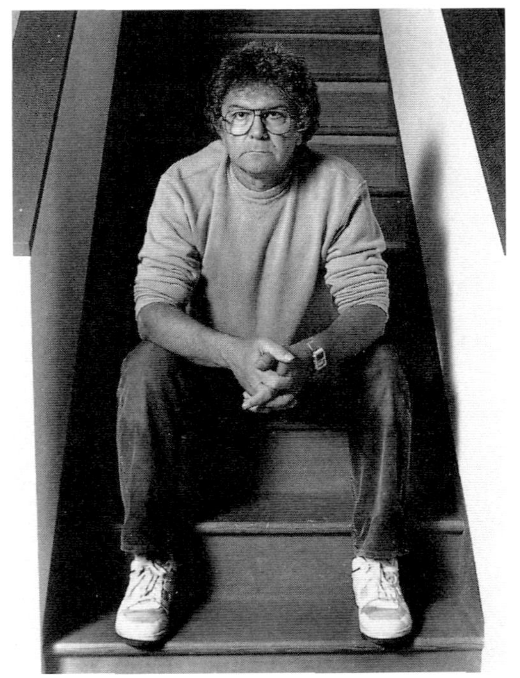

Mel Ramos in his studio
Oakland, California, 1989
Photo: Leta Ramos

Nude Descending a Staircase
1989

Oil on canvas
167.6 x 122 cm

Öl auf Leinwand
167,6 x 122 cm

Huile sur toile
167,6 x 122 cm

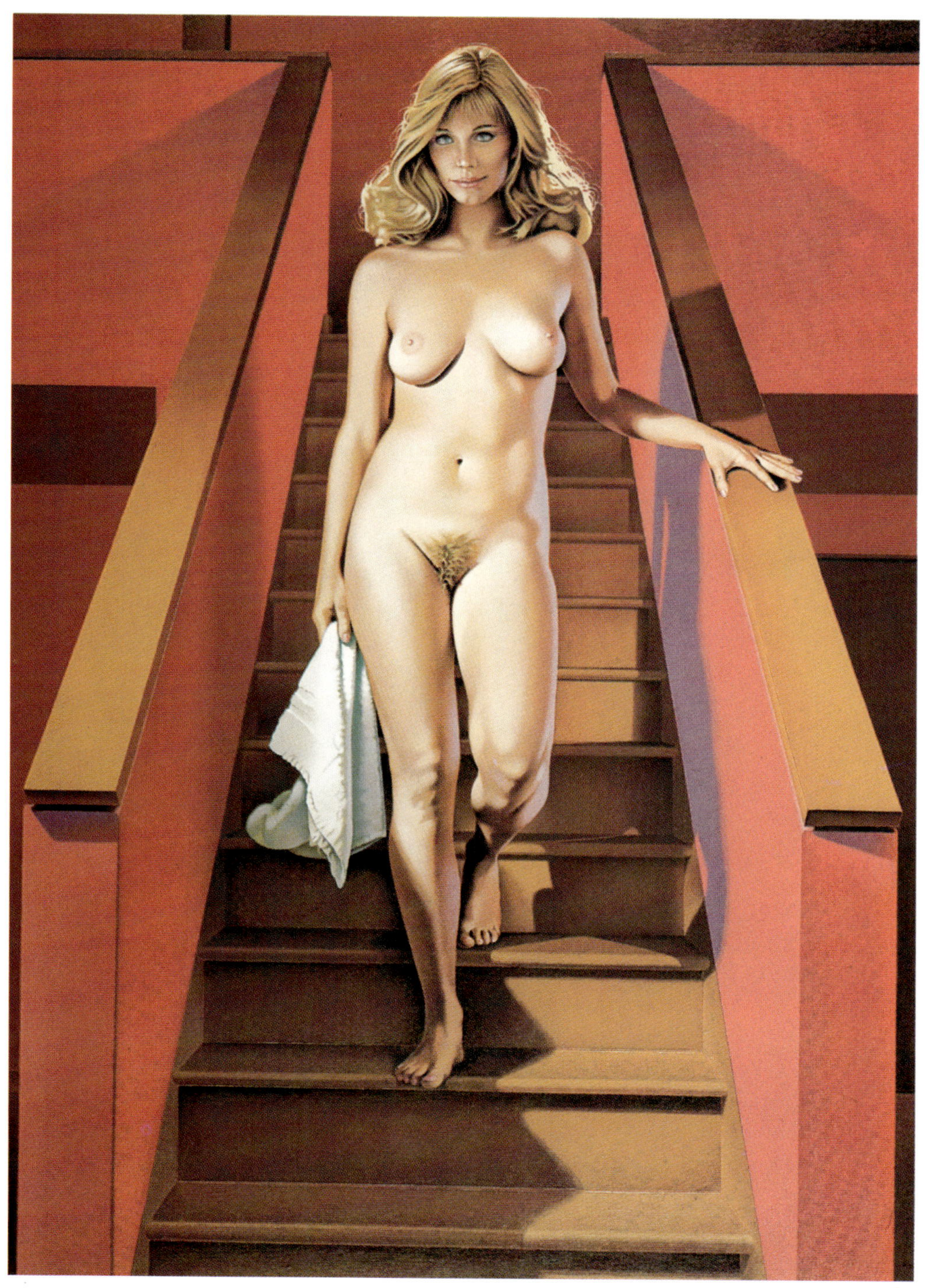

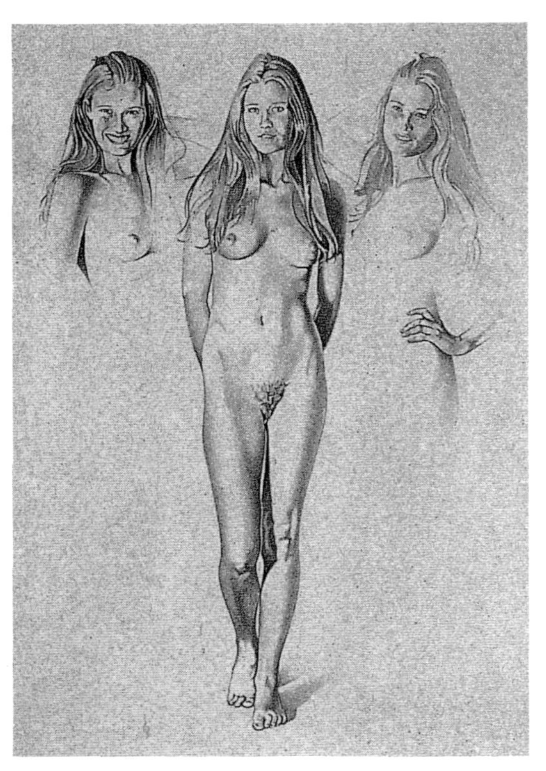

D.L.: Ode to Ang No. 5, 1990

Pencil on paper
76.2 x 50.8 cm

Bleistift auf Papier
76,2 x 50,8 cm

Crayon sur papier
76,2 x 50,8 cm

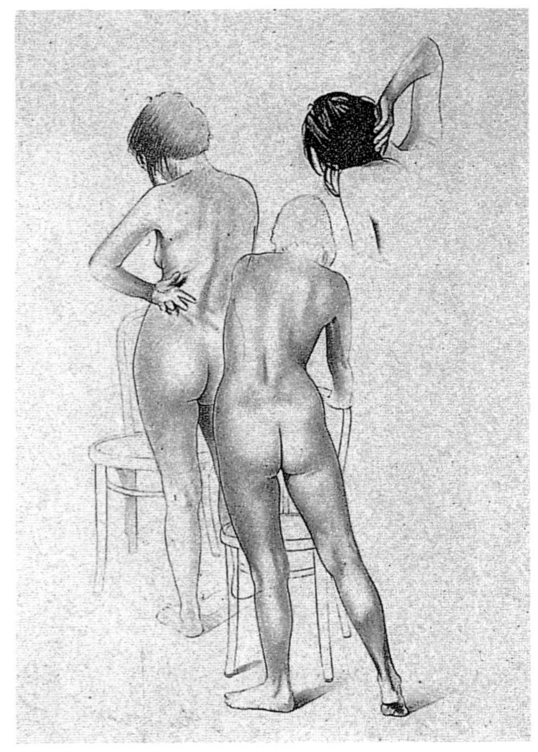

D.L.: Ode to Ang No. 1, 1990

Pencil on paper
62.2 x 60.3 cm

Bleistift auf Papier
62,2 x 60,3 cm

Crayon sur papier
62,2 x 60,3 cm

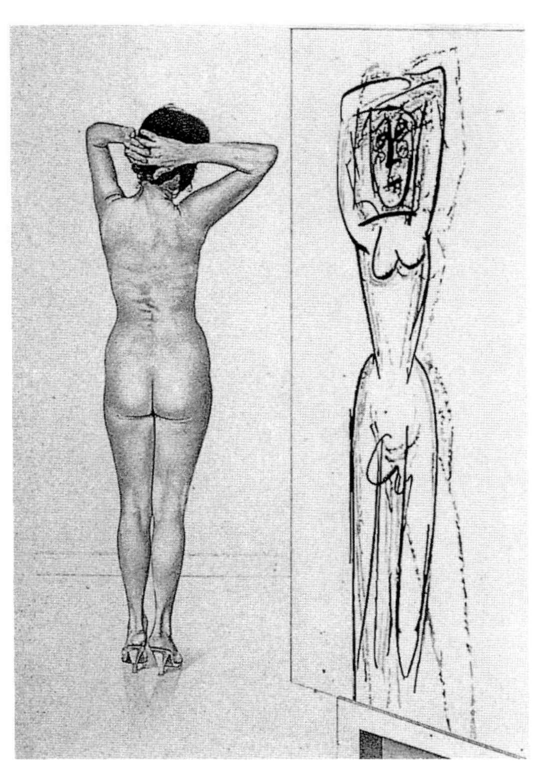

The Drawing Lesson No. 9, 1990

Pencil on paper
77.5 x 57.2 cm

Bleistift auf Papier
77,5 x 57,2 cm

Crayon sur papier
77,5 x 57,2 cm

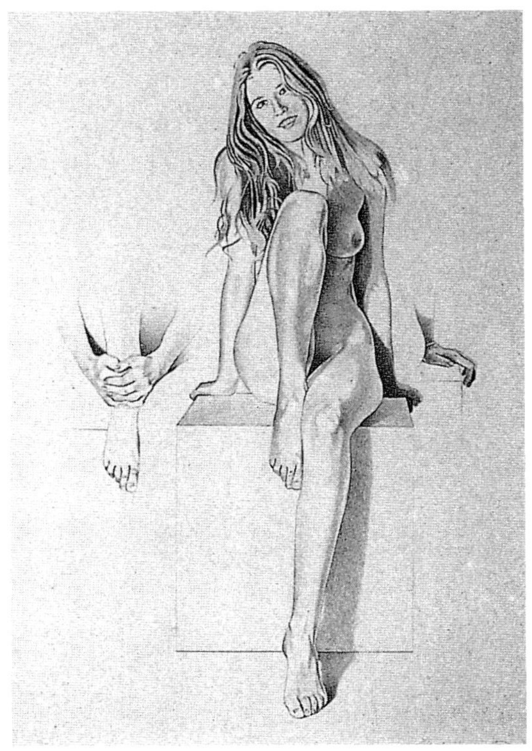

D.L.: Ode to Ang No. 6, 1990

Pencil on paper
74 x 55.3 cm

Bleistift auf Papier
74 x 55,3 cm

Crayon sur papier
74 x 55,3 cm

"I have always seen myself, perhaps incorrectly, as a
  re-constructed surrealist."

»Ich habe mich stets, vielleicht zu Unrecht, als wieder-
  erstandenen Surrealisten betrachtet.«

«Je me suis toujours considéré, peut-être à tort, comme
  un surréaliste ressuscité.»

Crime Buster, 1993

Watercolor
43 x 35 cm

Aquarell
43 x 35 cm

Aquarelle
43 x 35 cm

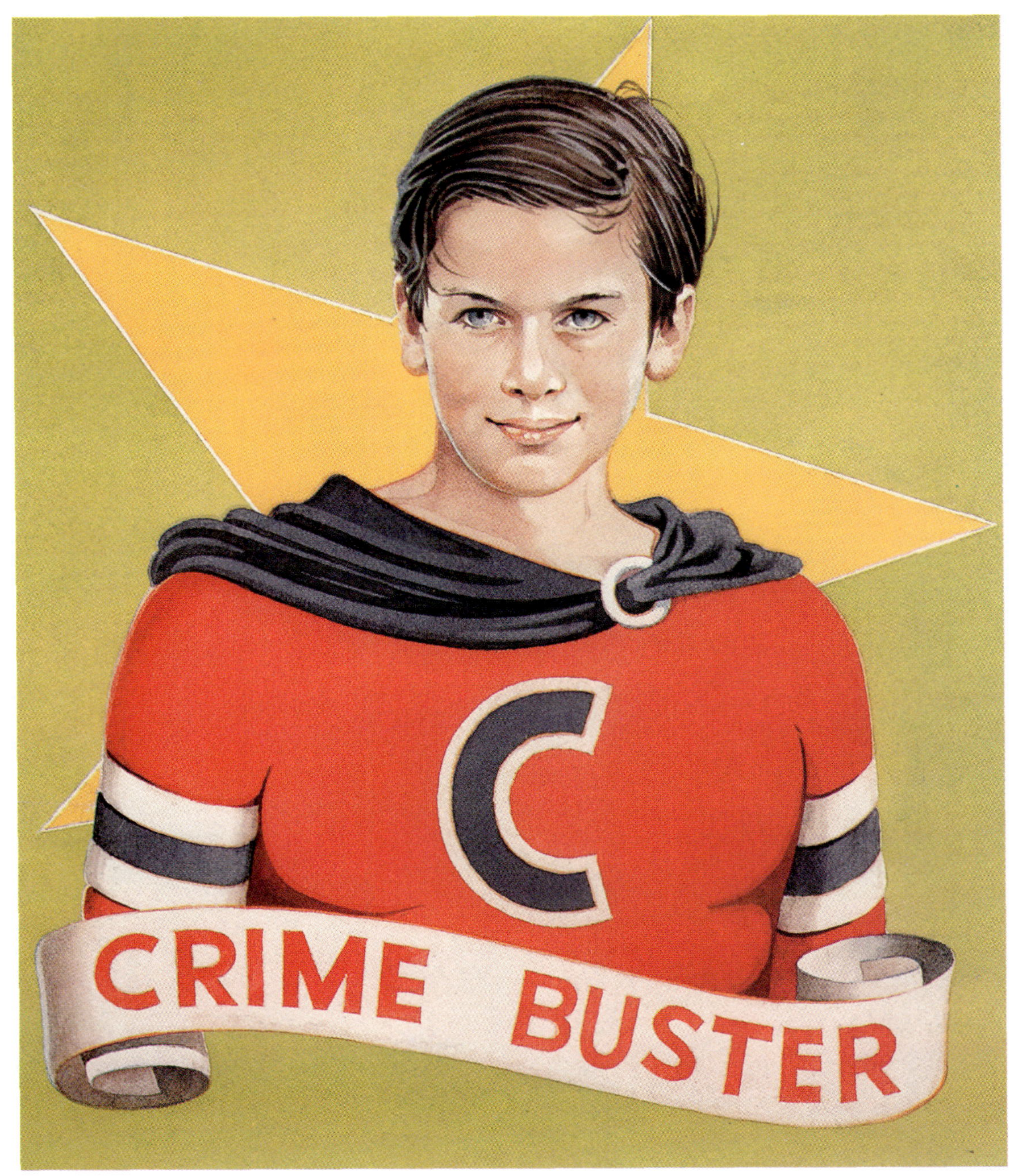

C
CRIME BUSTER

Biography

<table>
<tr><td>1935</td><td>Mel Ramos was born on July 24 in Sacramento, California.</td></tr>
<tr><td>1953</td><td>After attending Sacramento Junior College he began art studies.</td></tr>
<tr><td>1955</td><td>Marriage to Leta Helmers.</td></tr>
<tr><td>1958</td><td>He received his Master of Arts Degree from the California State University at Sacramento.</td></tr>
<tr><td>1959</td><td>Birth of his first son Bradley.</td></tr>
<tr><td>1962</td><td>Birth of his second son Skot.</td></tr>
<tr><td>1963</td><td>First trip to Europe.</td></tr>
<tr><td>1964</td><td>Birth of his daughter Rochelle. First solo exhibition in New York at the Bianchini Gallery.</td></tr>
<tr><td>1965</td><td>First solo exhibition in Los Angeles at the David Stuart Gallery.</td></tr>
<tr><td>1966</td><td>The family moved to Oakland, California. First solo exhibition in Europe at the Galerie Ricke in Kassel.</td></tr>
<tr><td>1967</td><td>Began teaching at the California State University at Hayward, California. Solo exhibition at the San Francisco Museum of Modern Art.</td></tr>
<tr><td>1971</td><td>First solo exhibition in Belgium at the Galerie Richard Foncke in Ghent.</td></tr>
<tr><td>1972</td><td>Solo exhibiton at the Galerie Bruno Bischofberger in Zurich. Traveled to Morocco, East Africa, Egypt and Spain. Bought a house in Cataluña, Spain, in the village of Horta de San Juan. Solo exhibition at the Utah Museum of Fine Arts, Salt Lake City.</td></tr>
<tr><td>1974</td><td>First solo exhibition at the Louis K. Meisel Gallery, New York.</td></tr>
<tr><td>1975</td><td>First solo exhibition in a European museum at Haus Lange in Krefeld, Germany. The first book on Mel Ramos, by Elizabeth Claridge, was published in London by Mathews, Miller, Dunbar Ltd.</td></tr>
<tr><td>1977</td><td>First comprehensive retrospective exhibition at the Oakland Museum, California.</td></tr>
<tr><td>1978</td><td>First solo exhibition in Italy at the Galeria Plura in Milan.</td></tr>
<tr><td>1979</td><td>First solo exhibition in Spain at the Galeria Cadaqués, Cadaqués. The second book on Ramos' work – Mel Ramos: Watercolors – was published by Lancaster and Miller.</td></tr>
<tr><td>1980</td><td>Solo exhibition in Canada and the United States.</td></tr>
<tr><td>1986</td><td>Recipient of the National Endowment for the Arts Visual Artists Fellowship Grant and United States-France Exchange Fellowship.</td></tr>
<tr><td>1987</td><td>Visit to Sicily.</td></tr>
<tr><td>1991</td><td>Trip to Tenerife in Canary Islands as juror for the local carnival.</td></tr>
<tr><td>1992</td><td>Established a studio in Spain.</td></tr>
<tr><td>1994/95</td><td>Retrospective exhibition travels to Kunstverein Lingen, Kunstverein Mannheim and Kunsthalle zu Kiel. First solo exhibition in Vienna.</td></tr>
<tr><td>1997</td><td>Mel Ramos lives and works in Oakland, California, and Horta de San Juan, Spain.</td></tr>
</table>

The publishers would like to express their gratitude to Mel Ramos and his wife Leta and to the Louis K. Meisel Gallery in New York for their generous assistance and support in the preparation of this book.

Biographie

1935	Mel Ramos wird am 24. Juli in Sacramento, Kalifornien, geboren.
1953	Nach Besuch des Junior College, Sacramento, Beginn des Kunststudiums.
1955	Heirat mit Leta Helmers.
1958	Abschluß des Studiums an der California State University in Sacramento mit dem Master of Arts.
1959	Der erste Sohn Bradley wird geboren.
1962	Der zweiter Sohn Skot wird geboren.
1963	Erste Reise nach Europa.
1964	Geburt der Tochter Rochelle. Erste Einzelausstellung in der Galerie Bianchini, New York.
1965	Erste Einzelausstellung in Los Angeles bei David Stuart.
1966	Umzug der Familie nach Oakland, Kalifornien. Erste Einzelausstellung in Europa in der Galerie Ricke, Kassel.
1967	Lehrauftrag an der California State University in Hayward. Einzelausstellung im San Francisco Museum of Modern Art.
1971	Erste Einzelausstellung in Belgien in der Galerie Richard Foncke, Gent.
1972	Einzelausstellung bei Bruno Bischofberger, Zürich. Reise nach Marokko, Ostafrika, Ägypten und Spanien. Erwerb eines Hauses in Cataluña, Spanien, in der Ortschaft Horta de San Juan. Einzelausstellung im Utah Museum of Fine Arts, Salt Lake City.
1974	Erste Einzelausstellung in der Louis K. Meisel Galerie, New York.
1975	Erste Ausstellung in einem europäischen Museum im Haus Lange in Krefeld. Das erste Buch über Mel Ramos, verfaßt von Elizabeth Claridge, erscheint in London bei Mathews, Miller, Dunbar Ltd.
1977	Erste größere Retrospektive im Oakland Museum, Kalifornien.
1978	Erste Einzelausstellung in Italien in der Galerie Plura, Mailand.
1979	Erste Einzelausstellung in Spanien in der Galeria Cadaqués, Cadaqués. Veröffentlichung einer Monographie bei Lancaster and Miller mit dem Titel *Mel Ramos: Watercolors*.
1980	Einzelausstellungen in Amerika und Kanada.
1986	Teilnahme an einem Stipendiatenaustausch zwischen Amerika und Frankreich. Erhalt des National Endowment for the Arts Visual Artists Fellowship Grant.
1987	Reise nach Sizilien.
1991	Reise nach Teneriffa. Tätigkeit als Juror für den dortigen Karneval.
1992	Einrichtung eines Studios in Spanien.
1994/95	Retrospektive Ausstellung im Kunstverein Lingen, Kunstverein Mannheim und der Kunsthalle zu Kiel. Erste Einzelausstellung in Wien.
1997	Mel Ramos lebt und arbeitet in Oakland, Kalifornien, und in Horta de San Juan, Spanien.

Der Verlag dankt Mel Ramos und seiner Frau Leta sowie der Galerie Louis K. Meisel, New York, für deren großzügige und freundliche Unterstützung, durch die dieses Buch möglich wurde.

Biographie

1935	Naissance de Mel Ramos le 24 juillet à Sacramento en Californie.
1953	Fréquente le Junior College de Sacramento puis étudie les beaux-arts.
1955	Epouse Leta Helmers.
1958	Diplôme de Masters of Arts à la California State University de Sacramento.
1959	Naissance de son fils Bradley.
1962	Naissance de son deuxième fils Skot.
1963	Premier voyage en Europe.
1964	Naissance de sa fille Rochelle. Première exposition à la Galerie Bianchini, New York.
1965	Première exposition individuelle à Los Angeles chez David Stuart.
1966	La famille s'installe à Oakland, Californie. Première exposition individuelle en Europe à la Galerie Ricke de Kassel.
1967	Chargé de cours à la California State University de Hayward. Exposition individuelle au San Francisco Museum of Modern Art.
1971	Première exposition individuelle en Belgique à la Galerie Richard Foncke, Gand.
1972	Exposition individuelle chez Bruno Bischofberger, Zurich. Voyage au Maroc, en Afrique de l'Est, en Egypte et en Espagne. Achète une maison en Catalogne, à San Juan. Exposition individuelle au Utah Museum of Fine Arts, Salt Lake City.
1974	Première exposition individuelle à la Galerie Louis K. Meisel, New York.
1975	Première exposition dans un musée européen à la Haus Lange de Krefeld. Parution à Londres du premier livre sur Mel Ramos.
1977	Première grande rétrospective au Oakland Museum, Californie.
1978	Première exposition particulière en Italie à la Galerie Plura de Milan.
1979	Première exposition particulière en Espagne à la Galerie Cadaqués, Cadaqués. Parution chez Lancaster and Miller d'une monographie portant le titre «Mel Ramos: Watercolors».
1980	Expositions particulières en Amérique et au Canada.
1986	Participe à un échange d'étudiants entre l'Amérique et la France. Reçoit le National Endowment for the Arts Visual Artists Fellowship Grant.
1987	Voyage en Sicile.
1991	Voyage à Ténériffe. Est membre du jury pour le carnaval.
1992	S'installe un atelier en Espagne.
1994/95	Rétrospective au Kunstverein de Lingen, au Kunstverein de Mannheim et à la Kunsthalle de Kiel. Première exposition particulière à Vienne.
1997	Mel Ramos vit et travaille à Oakland en Californie et à Horta de San Juan en Espagne.

La maison d'édition remercie Mel Ramos et son épouse Leta ainsi que la Galerie Louis K. Meisel de New York de leur aimable et généreux soutien lors de la rédaction de ce livre.

Solo Exhibitions (Selection)

1964	Bianchini Gallery, New York, NY
1965	Bianchini Gallery, New York, NY; David Stuart Gallery, Los Angeles, CA
1966	Galerie Ricke, Kassel
1967	Galerie Tobias-Silex, Cologne; Berkeley Gallery, San Francisco, CA; San Francisco Museum of Modern Art, San Francisco, CA
1968	David Stuart Gallery, Los Angeles, CA; Mills College Art Gallery, Oakland, CA
1969	Gallery Reese Palley, San Francisco, CA; David Stuart Gallery, Los Angeles, CA; Gegenverkehr, Aachen
1970	Artists Contemporary Gallery, Sacramento, CA
1971	Galerie Richard Foncke, Ghent; French and Co., New York, NY; Graphics Gallery, San Francisco, CA
1972	Galerie Bruno Bischofberger, Zurich; Utah Museum of Fine Arts, Salt Lake City, UT
1973	Dickinson College, Carlisle, PA; Madison Art Center, Madison, WI; Pacific Lutheran University, Tacoma, WA
1974	Louis K. Meisel Gallery, New York, NY; David Stuart Gallery, Los Angeles, CA
1975	Museum Haus Lange, Krefeld
1976	David Stuart Gallery, Los Angeles, CA; Louis K. Meisel Gallery, New York, NY
1977	Oakland Museum, Oakland, CA; Morgan Gallery, Kansas City, MO
1978	Church Fine Arts Gallery, Reno, NV; Galeria Plura, Milan
1979	Galeria Cadaqués, Cadaqués; University Gallery, California State University, Chico, CA
1980	Rose Art Museum, Waltham, MA; Morgan Gallery, Kansas City, MO; Franz Wynans Gallery, Vancouver
1981	Louis K. Meisel Gallery, New York, NY; Sheehan Gallery, Whitman College, Walla Walla, WA; Modernism, San Francisco, CA
1982	Malinda Wyatt Gallery, Venice, CA; Route 66 Gallery, Philadelphia, PA
1985	Louis K. Meisel Gallery, New York, NY
1986	Hokin-Kaufman Gallery, Chicago, IL; Galerie Tanja Grunert, Cologne; Modernism, San Francisco, CA
1987	Studio Trisorio, Naples
1988	Kunsthandlung Brigitte Haasner, Wiesbaden; James Corcoran Gallery, Santa Monica, CA
1989	Louis K. Meisel Gallery, New York, NY
1991	Louis K. Meisel Gallery, New York, NY; Schaufenstergalerie, Frankfurt; Louis K. Meisel Gallery, New York, NY
1992	ARTAX, Düsseldorf; Galerie B. Haasner, Wiesbaden; Galerie Eikelmann, Essen; Maximilian Krips Galerie, Cologne
1994	Kunstverein Lingen, Lingen
1995	Mannheimer Kunstverein, Mannheim; Kunsthalle zu Kiel; Hochschule für Angewandte Kunst, Vienna
1996	Modernism, San Francisco, CA; Galerie Levy, Hamburg; Galerie Ulrich Gering, Frankfurt; Galerie Hilger, Vienna; Galerie Burkhardt II. Eikelmann, Essen
1997	Galeria Levy, Madrid

Public Collections (Selection)

Albright-Knox Art Gallery, Buffalo, NY
Arkansas Art Center, Little Rock, AR
Art Gallery of Ontario, Toronto
Crocker Art Museum, Sacramento, CA
Solomon R. Guggenheim Museum, New York, NY
Hirshhorn Museum and Sculpture Garden, Washington D.C.
Indianapolis Museum, Indianapolis, IN
John Michael Kohler Art Center, Sheboygan, WI
Kunsthaus, Darmstadt
Museum of Contemporary Art, Chicago, IL
Museum of Contemporary Art, Skopje
Museum of Modern Art, New York, NY
Museum moderner Kunst, Vienna
National Gallery of Art, Washington, D.C.
Neue Galerie Stadt Aachen, Aachen
Oakland Museum, Oakland, CA
Rose Art Museum, Waltham, MA
San Francisco Museum of Modern Art, San Francisco, CA
Seattle Art Museum, Seattle, WA
Smithsonian Institution, Washington D.C.

Cover:
Lucky Lulu Blonde (detail), 1965
Oil on canvas, 122 x 101.6 cm

Back cover:
Candy, 1965
Oil on canvas, 177.8 x 152.4 cm

Front flap:
Nude Descending a Staircase, 1989
Oil on canvas, 167.6 x 122 cm

Back flap:
Micronite Mary, 1965
Oil on canvas, 152.4 x 117.8 cm

Illustration page 2:
Lola Cola, 1972
Oil on canvas, 152.4 x 127

© 1997 Benedikt Taschen Verlag GmbH
Hohenzollernring 53, D–50672 Köln
© 1997 Mel Ramos
© 1997 VG Bild-Kunst, Bonn
for the illustrations on pp. 13 and 15
Willem de Kooning, Francis Picabia
© for the illustrations on pp. 6, 9 and 19
Wayne Thiebaud, Allen Jones, Jeff Koons

Layout: Burkhard Riemschneider, Cologne
Cover Design: Mark Thomson, London
German translation: Manfred Allié, Euskirchen
French translation: Thérèse Chatelain-Südkamp, Cologne

Printed in Portugal
ISBN 3–8228–8184–8